U0879608

妈妈心态
决定孩子状态

—— 江慧◎著 ——

台海出版社

图书在版编目（CIP）数据

妈妈心态决定孩子状态 / 江慧著 . -- 北京 : 台海出版社 , 2018.10

ISBN 978-7-5168-2136-7

Ⅰ . ①妈… Ⅱ . ①江… Ⅲ . ①家庭教育 Ⅳ . ① G78

中国版本图书馆 CIP 数据核字 (2018) 第 226247 号

著作权合同登记号　图字：01-2018-6219

原著作名：《妈妈心态决定孩子状态》

作者：江慧

本书由宇河文化出版有限公司正式授权，经由凯琳国际文化代理，由北京斯坦威图书有限责任公司出版中文简体字版本。非经书面统一，不得以任何形式任意重制、转载。

妈妈心态决定孩子状态

著　　者：[中国台湾] 江　慧

责任编辑：刘　峰
装帧设计：王　喆

出版发行：台海出版社
地　址：北京市东城区景山东街 20 号　　邮政编码：100009
电　话：010－64041652（发行，邮购）
传　真：010－84045799（总编室）
网　址：www.taimeng. org. cn/thcbs/default. htm
E－mail：thcbs@126.com

经　销：全国各地新华书店
印　刷：北京市兆成印刷有限责任公司
本书如有破损、缺页、装订错误，请与本社联系调换

开　本：710mm × 1000mm　　1/16
字　数：165 千字　　印　张：13
版　次：2018 年 11 月第 1 版　　印　次：2018 年 11 月第 1 次印刷
书　号：ISBN 978-7-5168-2136-7

定　价：45.00 元

版权所有　翻印必究

编辑序

孩子如同一张白纸，画笔就在妈妈们的手中，在这张待画的白纸上，是细致地描绘，还是混乱地涂鸦，所有的一切都取决于你。如何将你的孩子教育成一位出色的“未来达人”，既是一门耐人寻味的艺术，也是一门深奥的科学。只有当你修炼出正确的育儿心态，才能用科学的育儿方法，去引导孩子开拓更加璀璨的明天。诚然，孩子的成长路上离不开妈妈，好妈妈不应只是做旁观者看孩子如何成长，而应做孩子成长过程中的积极参与者，陪伴孩子一起成长。

著名教育专家苏洛姆林斯基曾说过：“要像对待清晨荷叶上的露珠那样小心翼翼地呵护孩子幼小的心灵。妈妈不仅要关心孩子的成长，让每个孩子都沐浴着人性的光辉，更要让孩子的成长充满幸福的体验，让妈妈的教育洋溢着高贵的气质。”

在如今这个信息无限传播的时代，传统家庭教育中，那种只重养不重教的落后观念已经越来越不合时宜了。而这本书在吸纳了现代教育学、心理学、成功学、伦理学等权威专家的最新研究成果的基础上，针对妈妈们在育儿方面存在的突出问题和现实困境，从妈妈育儿心态这一独特视角，为家长朋友们透析了妈妈心态与孩子状态相关方面的问题。围绕这些问题，本书从不同角度，就妈妈应该如何调整自己在育儿过程中的心态做了充分的阐述，理论与实例相结合，向天下的妈妈们郑重警示——妈妈心态决定孩子状态，并就妈妈们在育儿过程中经常遇到的诸多问题，提出了可供参考运用的育儿技巧和方法。希望本书对那些渴望培养出优秀孩子的妈妈有所助益和启示。

可以说，本书是一颗启迪妈妈育儿智慧的灵犀种子，它思想深刻而不晦涩，内容充实而不烦琐，语言轻松而不浮华，是一部集哲理性、教育性、知识性、实用性为一体的亲子图书。

每一个孩子都延续着妈妈的生命、理想与期盼。希望本书能够为所有望子成龙、望女成凤的好妈妈助一臂之力！请把这本书带在身边或放在枕边，随时翻查对照，做孩子心中期待的妈妈，把自己无私的小爱变成培育优秀孩子的大爱。

|作者序|

妈妈是孩子生命中最重要的人，天性使然，所有妈妈都明白要让自己的孩子健康成长，但并不是每个妈妈都知道如何在心理上也培养出一个“优质宝宝”。可以说，妈妈是这个世界上最难做的职业了，因为教育孩子没有彩排的可能，也不能依照他人的经验。有些妈妈遇到问题常常不辨正误、缺乏指引，只能在教育孩子的这块薄冰上不知所措，踟蹰徘徊。如果妈妈不能实时调整好自己的心态，将会直接影响到孩子的状态，进而影响到孩子身心的健康成长。

没有方向的前行是可怕的，在孩子的成长道路上，妈妈就会面对各种扑面而来的问题：

“为什么我的孩子没有其他孩子那么出色？”

“为什么我的孩子不够聪明好学？”

“为什么我的孩子每次遇到困难总是退却，不知进取？”

“为什么我的孩子总是对我那么冷漠，事事与我作对？”

“为什么我的孩子缺乏自信，觉得什么都不如别人？”

“为什么我的孩子会步入歧途？”

“……”

焦急的心情、紧锁的眉头、含泪的双眼，妈妈的心里装满了一个又一个沉重的问号。但是，能够解答这些问题的人不是你的孩子，也不是哪位教育专家，而是你自己。作为一个妈妈，你要知道世界上没有不爱孩子的母亲，但光有爱还不够，爱不是全部、不是智慧、不是科学，你的爱不能平等地换来孩子的幸福与成功。不仅如此，你的那些错误心态、说错的话、做错的事、用错的方法都可能会影响到孩子的一生。

每一个妈妈的错误心态都可能成为孩子不幸状态的开端。这种不正确的爱、生硬的育儿方法、错误的教育心态都会给孩子酿成苦果。而好妈妈懂得人才的培养，观念重于方法；人才的成长，思想胜过勤奋。当妈妈的头脑被充满智慧的育儿思想所主导，当妈妈的行动被一种理性的观念所主宰时，孩子就能够顺利地释放出原本就具有的内在潜力，进而获得驾驭命运的能量。

本书理论与具体案例相结合，针对妈妈们应该如何调整自己在教育过程中的心态这一核心问题作了充分而全面的阐述，并且提出一个全新的理念——妈妈的心态决定孩子的状态。同时，本书还就妈妈们在育儿中遇到的许多问题，提出了可供参考的育儿技巧和方法。不仅如此，本书另一个显著的特点是贴近于生活，书中那些案例的主角可能是你身边熟悉的朋友，也可能是你本人真实的写照。

如果本书对那些渴望培养出优秀孩子的妈妈们有所帮助和启迪，将是对作者莫大的奖赏。

目　录

CONTENTS

第一章

不“过分”爱孩子，让孩子拥有健康的身心

第一节　都是溺爱惹的祸

妈妈心态：爱孩子就该无条件宠爱他。

孩子状态：很任性，凡事都以自己为中心。

把一切都让给子女，牺牲一切，甚至牺牲掉自己的幸福，这就是父母所能给予孩子最可怕的礼物！

随着经济的发展，现代的家庭结构发生了非常大的变化，家庭成员组成模式变成了以下几种：6 + 1 式（父母、祖父母、外祖父母 + 宝宝）；4 + 1 式（祖父母 / 外祖父母、父母 + 宝宝）；2 + 1 式（父母 + 宝宝）。这种新的家庭结构，使孩子成了整个家庭关注的重心，也更容易滋生家人对孩子的溺爱。

一大家人都在围着一个孩子转，这样的孩子被称为"小皇帝"（"小公主"）。但是，这些从小就娇生惯养、百般呵护的孩子如果不学会自己成长就如同温室里的花朵，经不起一点风雨。

有一个叫小部的小孩，因为是家里的独子，全家人都对他疼爱有加。上小学时，不是爷爷接，就是奶奶送。班里的同学们都爱当他的跟屁虫，不是因为他学习好，也不是因为他受伙伴们的喜欢，而是因为他有钱。谁跟他玩，谁就有吃不完的零食。妈妈担心作业太多，把自己的孩子累倒，再三向老师请求减少小部的作业，老师就放松了对孩子学业的要求。

一转眼，小部就要初中毕业了，从小娇生惯养的小部不懂得谦让，在一次体育课中他和一个同学发生了小小的摩擦，觉得受了莫大的委屈，便对这个同学大打出手，将对方致残。因为案情非常严重，小部被送进了少年教管所。爷爷、奶奶急得住进了医院，爸爸气得悔恨道："孩子全是你们惯坏的，现在怎么办！"妈妈则整日哭哭啼啼，担心孩子在少年教管所里被人欺负。

类似的例子还有很多，也许就发生在我们的身边。如今的父母对自家的"小皇帝"（"小公主"）都是娇生惯养的，孩子说什么就是什么，要什么就给什么，对孩子的错误和缺点视而不见，任其发展。这种溺爱的结果就是让孩子变得脾气暴躁、好吃懒做、不求上进，一旦无法满足他们的要求时，便做出愚蠢的事来。

有句话说得好，过分的溺爱，虽然是一种伟大的情感，但却会使子女遭到彻底的毁灭。

不可否认，爱自己的孩子是人类的天性，但作为妈妈要学会理智地、有目的地表达对孩子的爱。不能只是一味地沉溺于本能的爱，而是要选择一些能够恰当表达爱的方式。当然，学会正确地去爱孩子，并不是一件简单的事。比如，我们在塑造一座雕像，快要完工的时候，发现其形态不理想，我们还可以弃之重塑一件新的作品，但妈妈对子女的"塑造"只有一次。这是一次只能成功不能失败的任务，因此，妈妈们要不断反思自己对孩子应该如何爱，才是真正的爱而不是害。

其实，对于孩子的爱正是妈妈给予子女最好的教育。妈妈爱的方式是正确的，她的孩子就会被教育得很好，长大后更容易出人头地；妈妈爱的方式如果是错误的，就如同喂给孩子一剂慢性毒药，早晚会毁了孩子。那种认为“不管孩子现在怎么样，长大了自然就会变好”的想法是要不得的。因为一个人世界观和人生观的形成都是从小一点一滴累积的，孩子的行为习惯和道德素质，如果不往好的方向引导，是非常危险的。

“严是爱，宽是害。”今日的小树苗只有经过不断地修理、培育、施肥、灌溉，让它们在风雨中磨砺自己，明日才有可能成为参天的大树。

从前有一个湖，人们叫它天鹅湖。天鹅湖上有一座小岛，岛上住着老渔翁和他的妻子。平时，老渔翁摇船捕鱼，妻子就在岛上养鸡喂鸭。除了买些柴米油盐，他们很少与外界往来。

有一年秋天，一群天鹅飞到岛上。它们从寒冷的北方飞来，准备去温暖的南方过冬。老夫妇见到这群天鹅，非常高兴，格外喜爱这些远方的来客。

渔翁夫妇每天都拿出喂鸡的饲料和打来的小鱼喂天鹅。于是，这群天鹅就与这对老夫妇熟悉了起来。它们在湖里自由自在地游弋，老渔翁乘小船捕鱼时，它们还随船而行，嬉戏左右。

冬天转眼就来了，这群天鹅竟然没有继续向南飞。它们白天在湖上觅食，晚上在小岛上栖息。湖面冰封后，它们无法找到食物，老夫妇就让它们在屋里取暖，并且给它们吃的。这种爱每年都延续到春天的来到，湖面彻底解冻。

日复一日，年复一年，老夫妇就这样奉献着他们的爱心。

后来，他们老了，离开了小岛，天鹅也从此消失了。不过，天鹅不是飞向了南方，而是在第二年湖面冰封时饿死了。

老夫妇对天鹅的爱，绝对是无私而又真挚的。这些可爱的小精灵给孤寂的他们带来了无限的欢乐。在寒冷的冬天里，不能适应严寒天气的天鹅需要他们的照顾与呵护。可是，老夫妇无论如何也没有想到，习惯了被关爱的天鹅一旦失去了他们的援助，结局将是十分凄惨的。

现实生活中有许多这样溺爱的镜头在上演：有的同学都上小学三四年级了，起床却要父母帮忙穿衣服；早饭还要父母喂；书包、书桌父母整理；上学、放学要父母接送……那些父母把儿女们当作宝贝一样看待，捧在手心里怕摔了，含在嘴里怕化了，但是他们想过吗，这样做到底是在爱孩子还是在害孩子？

任何好事做过了头就变成了坏事，爱也同样，爱过了头也就变成了害。父母对孩子的爱更是如此，过分的溺爱会造成孩子心灵世界的荒芜，形成人格的缺失，进入社会后与身边的人格格不入，有的甚至会落得悲惨的结局。作为父母，如果对孩子的需求不加约束就是愚蠢的行为，过分放纵孩子将使他们难以面对未来人生中的挫折。

“严家无悍虏，慈母有败子”，这是古往今来无数父母家教经验的真实总结，值得每个妈妈记下。

妈妈先知道

天下的父母都爱孩子，但未必都会爱孩子。不可否认，母亲的心总是仁慈的，但是仁慈的心要用得好，如果用不好的话，就会适得其反。

过分溺爱孩子，实际上是剥夺了孩子面对挫折和困难的机会。只有在成长的道路上遇到这些机会，并学着勇敢、顽强地去克服它们，才是最有利于孩子成长的。

第二节　让孩子做一只“有翅膀的小鸟”

妈妈心态：你只管学习，像穿袜子这类小事让妈妈帮你做。

孩子状态：没有动手能力，丧失了尝试的机会和自由成长的空间。

孩子的人生是他自己的，妈妈不可能一一教会他如何成长，路要靠他自己走下去。因此，妈妈不必因为怕孩子跌倒而在一边警惕地守候，也不可能背着孩子走一辈子，或是替他铲除成长道路上的所有荆棘。

许多妈妈都习惯了自己一手包办孩子的大事小情，就算偶尔让孩子自己去做一些事情，她也会在旁边帮孩子扫除障碍，而最后真正属于孩子自己做的部分不到十之一二。这样的“援助”，对孩子的动手能力是毫无意义的，因为真正能锻炼孩子动手能力的正是那些障碍、困难。

在这种环境中长大的孩子就像是新生儿一样，对任何事情都不了解，不会自己动手，还经常对事情表现得很懈怠、很懒惰。这样的孩子长大之后，对自己的事也不会有什么责任心，就算他们想尝试去做，也会由于缺乏经验而把事情搞砸。

不仅如此，这样的做法还会使孩子丧失尝试的机会和自由成长的空间。

随着孩子的成长，妈妈必须有意识地告诉自己，甚至是克制自己，不要有那种无论什么事都想替孩子去做的想法和冲动，应该给孩子营造出自由成长的空间。同时，妈妈也要除去那些多余的担心，尽可能地让孩子接触到不同的事物，体验成长带来的烦恼和快乐。

孩子的世界是一个相对独立的世界，每个孩子都有自己的想法，都有对自己的不同定位。作为孩子成长的引导者，妈妈要给孩子一定的自由，充分信任和尊重孩子。

走进美国陶氏集团的纽约总部，首先映入眼帘的是总部门口摆着的一个巨大的鱼缸。鱼缸里有十几条美丽的热带鱼开心地嬉戏着，它们长约10厘米，脊背上一片红色，头很大，长得非常漂亮。进出总部大楼的人几乎都会因为这些美丽的热带鱼而驻足停留。

就这样，美丽的小鱼们一直在鱼缸中快乐地生长着，吸引着众人喜爱的目光。几年过去了，小鱼们的“个头”从没有发生什么变化，依旧10厘米左右，在鱼缸里游来游去。

有一天，董事长顽皮的儿子来总部大楼找父亲，看到这些美丽的小鱼，很好奇，就伸手试图抓一只来玩。鱼儿们拼命闪躲，慌乱中，鱼缸被他从桌子上推了下去，碎了一地。鱼缸里的水流的到处都是，十几条热带鱼可怜巴巴地在地上扑腾。

公司的人急忙把它们捡起来，但是鱼缸碎了，把它们放在哪呢？人们发现只有大楼中央的喷水池可以作它们暂时的容身之所。于是，就把这十几条热带鱼放了进去。

两个月后，一个崭新的鱼缸被抬了回来。人们来到喷水池边捞起了那些漂亮的小热带鱼，但令他们非常惊讶的是，那些鱼竟然由10厘米疯长到了30厘米长。

对于小热带鱼的突然长大，人们议论纷纷。有人说，喷水池的水里可能含有某种矿物质，是它促进了鱼的生长；也有人说，这些鱼儿可能是吃了什么特殊的食物。但无论答案是什么，都有一个共同的前提，那就是喷水池比以前的鱼缸大得多。

妈妈对孩子的教育，也应该是这样的。要想使孩子长得更快、更高，长大后更出色，就一定要给他们成长的自由，而不要让孩子从小就局限于一个小小的“鱼缸”中。

为了孩子的自由成长，妈妈首先应该给孩子选择的自由，并尊重孩子的选择，哪怕是非常愚蠢的选择。就算孩子为自己的选择付出了沉重的代价，这依然是任何财富都无法换取的成长经历。

保罗的爸爸是一个狂热的集邮爱好者，在圣诞节到来之际，他送给保罗一整套珍贵的邮票，希望这个珍贵的礼物能唤起儿子对集邮的兴趣。

而事实上，9 岁的小保罗对集邮根本没兴趣，他希望得到的是一套篮球明星卡，而不是爸爸喜爱的珍贵邮票。

一天，小保罗在朋友家里发现了自己梦寐以求的那套篮球明星卡，他爱不释手，于是就用爸爸送给他的那套邮票换回了朋友的篮球明星卡。

知道这次交换后，保罗的爸爸非常恼火。让他生气的不只是小保罗不尊重自己，把送给他的礼物轻易地给了别人。爸爸还认为，和保罗交换的小孩年龄大，应该懂得邮票的价值要远远超过那套明星卡的价值，这明显是在占儿子的便宜。

爸爸严厉要求保罗从朋友那里要回那套珍贵的邮票，并退回篮球明星卡，并且向儿子指出这两件东西是不等价的。最后，小保罗被迫执行了爸爸的命令。

这件事使保罗非常窘迫，和朋友之间的关系也就此破裂了。

保罗爸爸的做法严重伤害了小保罗的自尊心，使保罗对自己的判断能力产生了极大的怀疑。保罗虽然年幼，人生观还不是很健全，但是他同样有自己的观点、爱好、判断力。作为家长，要给予适当的引导，将自己的要求隐藏在得体的语言指导上，让孩子自己看清楚事情的真实面貌，然后做出正确的选择。

咖啡是苦的，辣椒是辣的，肥皂是涩的，泥巴是腥的……这些已经是我们每个人都知道的生活常识，但是孩子们对这些是没有概念的，因为他们并没有亲自尝试过。并且，每个孩子天生都拥有强烈的好奇心和叛逆心理，如果妈妈执意按照自己的意愿去阻止，最后的结果往往是“哪里有压迫，哪里就会出现反抗”。如同你告诉孩子咖啡很苦，可是他非要经过自己的亲自尝试才肯相信妈妈的话一样。

同样是鸟儿，美丽的孔雀只能在地上展开斑斓的翅膀，而高飞的雄鹰却能翱翔于万里，这正是因为孔雀没有雄鹰那般自由而坚毅的冒险精神。给孩子尝试的自由，放手让孩子自己去品味生活的点滴，这比父母的经验教育更有震撼力，也更容易被孩子接受。

所以，作为孩子的妈妈，从现在开始，请放开你的双手。

妈妈先知道

生活中的酸甜苦辣总要靠孩子亲自去品尝，方能明白其中滋味。所以，妈妈不能习惯性地一手包办，要给孩子自己动手的空间。

很多时候，孩子并不是不想动手做事，而是他们没有机会，妈妈应该放手让孩子自己去尝试做一些事。同时还要给予孩子一定的指导和鼓励，让孩子知道其实自己独立完成也是可以的，这样他们就会尝试着去做，而鼓励会带给孩子更多的动力，让他们的自豪感和好奇心得到满足。

第三节　从小树立竞争意识

妈妈心态：孩子还小，妈妈应该为他营造轻松的环境。

孩子状态：个性软弱，在充满竞争的社会很难立足。

高尚的竞争是一切卓越才能的泉源。

妈妈们经常把“真听话”“真乖”作为对好孩子的评价尺度，如今，这一观念已经陈腐。从孩子未来所面临的环境以及孩子生存发展的需要来看，从小培养孩子具备竞争的意识，拥有坚强的意志，勇于和敢于迎接挑战，不怕挫折与艰辛的心理素质才是正确的教育观念。因此，培养孩子的竞争意识和竞争能力成为当前妈妈教育孩子的一项重要任务。

竞争意识是指对外界活动所做出的奋发、积极、不甘落后的心理反应。从小培养孩子的竞争意识，鼓励孩子参与竞争，对于孩子的健康成长具有重大的意义。

日本的北海道盛产一种味道奇美的鳗鱼，许多渔民都以捕捞鳗鱼为生。可是，鳗鱼的生命非常脆弱，只要一离开深海区，过不了半天就会全部死亡。

有一位老渔民天天出海捕捞鳗鱼，奇怪的是，每次返回岸边后，他的鳗鱼总是活蹦乱跳的。而其他捕捞鳗鱼的渔民，无论怎样对待捕捞到的鳗鱼，回岸后这些鳗鱼全部会死亡。

鲜活的鳗鱼要比死掉的鳗鱼贵上几倍，所以没几年工夫，老渔民一家就成了北海道著名的富翁。而周围的渔民虽然做着同样的事情，却只能维持简单的温饱。

原来，鳗鱼不死的秘诀，就是在整仓的鳗鱼中，放进几条狗鱼。鳗鱼与狗鱼是出了名的死对头。几条势单力薄的狗鱼遇到成仓的天敌，便惊慌地在鳗鱼群里四处乱窜，这样一来，一仓死气沉沉的鳗鱼就因为几条狗鱼而焕发出了生机。

这就是竞争的作用，狗鱼为了在天敌环绕的情况下生存，拼命游窜。正是不安分的狗鱼，启动了鳗鱼内在的活力。对待孩子的教育同样如此，好妈妈会在自己的孩子身边安排一些“不安分”的因素，从小就着力培养孩子的竞争意识，提供给孩子一个竞争的舞台，充分激发孩子的潜能，鼓励他们永远以积极的心态对待自己的人生。

在哥伦比亚的国家级森林公园中，生活着一只年轻的美洲虎。美洲虎是一种濒临灭绝的珍稀动物，全世界仅存十几只，为了更好地保护这只珍稀的老虎，哥伦比亚人在国家森林公园中专门建造了一个虎园。这个虎园占地20平方公里，并有精心设计的舒适的虎房。

虎园里森林茂密，沟壑纵横，有成群人工饲养的牛、羊、鹿、兔供美洲虎尽情享用。

奇怪的是，从没有人看见美洲虎去捕捉那些专门为它预备的食物，也没有人看见它王气十足地纵横于群山之中，甚至从未听过它像模像样地吼上几声。人们只看到它整天待在装有空调的虎房里打瞌睡，一副无精打采的样子。

有一天，一位动物学家到森林公园考察。见到这只美洲虎那副懒散的样子，他便对管理员说；“老虎是丛林之王，在它所居住的环境中，不能只放上一群温顺的草食性动物，要放养一些猎杀性的动物。这么大的一片虎园，即便不放进几只狼，至少也应放进两只豺狗。不然，美洲虎是无论如何也提不起精神来的。”

管理员听从了动物学家的意见，不久便引进了两只美洲豹。这一招果然奏效，从美洲豹进入虎园的那一天开始，这只美洲虎再也躺不下去了。它每天不是站在高高的山顶大声地咆哮，就是在丛林的边缘地带警惕地巡视和游荡。老虎天生的刚烈威猛、霸气十足的兽性被重新唤醒，它又成了一只真正的百兽之王。

美洲虎的慵懒无神，显然是动物园管理人员的“精心呵护”造成的。过于舒适的虎园让它缺乏了竞争的动力与激情，自甘堕落地过着安逸祥和的生活。这样一来，整日无精打采、埋头大睡的美洲虎，与一只猫咪又有什么区别呢？这就需要妈妈们反思了，自己是不是在重复着哥伦比亚国家森林公园中的故事呢？

在现实生活中，有些孩子就像故事中的那只美洲虎一样，需要竞争的刺激才能把潜能充分发挥出来。如果妈妈把握正确，竞争意识可以成为孩子尽力把事情做好的动力。心理学研究表明，竞争能力与个性紧密联系，具有良好个性的孩子，对待竞争问题会更理智、更积极。因此，妈妈要从孩子本身的性格特点和兴趣特长出发，培养孩子完善的人格，使其具备更强的竞争能力。同时，为孩子营造一个竞争的环境，也是妈妈培养一只“小老虎”的关键。俗话说“物以类聚，人以群分”，如果你的孩子身边充满了整日生活漫无目的、好吃懒做的人，你的孩子会优秀吗？如果你的孩子身边有一群积极上进、永不满足的人，你的孩子会自甘堕落吗？

现代社会，家长对子女的期望越来越高，为此，有的妈妈总是要求自己的孩子要事事“比别人强”“比别人棒”。在如此苛刻的要求下，孩子的潜能也许会被激发出来，获得预期的效果。但是，如果孩子发自内心尽力地做，却得不到任何结果，甚至遭遇失败，就可能会影响到孩子的信心，甚至产生退缩、畏惧的心理。其实，只要尽了力，对孩子而言，就是“赢”。因此，妈妈必须改变这种歪曲的竞争观念，要让孩子明白：永远不要只着眼于和别人争高下，而是向自己的能力发起挑战。

还有一些孩子，在竞争的环境里，学习压力越来越大。加上独生子女多有表现自我、突出自我的性格特点，就使得竞争变得越发不正常：有的孩子以为竞争就是不择手段地战胜对方，“置人于死地而后快”；有的孩子内心充满了嫉妒，只要别人在某一方面超过了自己，就会对其采取“封闭”和“打击”的对策。妈妈当然会对孩子这种畸形的竞争心态感到忧虑，所以应该实时教会孩子用从容的心态看待超越和被超越，不应存在自满、妒忌和愤懑的心态。

有竞争的存在，就必然有胜利与失败。而参与竞争的意义之一，就是学会有风度地接受失败，并且诚心实意地祝福对手。妈妈要告诉孩子，在竞争中得到胜利固然值得骄傲，但与同伴团结合作的精神，也是不可或缺的品德。

妈妈先知道

在培养孩子竞争意识的过程中，妈妈首先应该让孩子明白，竞争不应是狭隘与自私的，一个伟大的竞争者应该具有广阔的胸怀；竞争也不应是阴险与狡诈的，不应暗中算计别人，应该齐头并进，以实力超越别人；竞争同样不排除合作，没有良好的合作精神和团队信念，单枪匹马的竞争者是孤独的，也是不易成功的。

第四节　奖励需要慢慢来

妈妈心态：如果你不再踩水坑，妈妈就给你买冰淇淋。

孩子状态：为了得到奖励，以后肯定还会再犯。

当以一种合理的奖励方式对待孩子的行为时，你会发现孩子正在向你所期待的方向发展。

有许多妈妈时常利用奖励的办法，来促进孩子主动自觉的意愿。不可否认，有时候适当的奖励可以激发起孩子的上进心，但是，如果奖励的方式不当，也会适得其反，甚至会使孩子失去主动自觉的精神。例如，妈妈为了促使孩子认真学习，便与孩子约法三章，只要某次考试平均分数达到90分以上，就买一个变形金刚玩具送给他；如果达不到要求，就扣他的零用钱。此时，孩子为了得到变形金刚玩具，肯定会努力学习，但是这时的学习，只是利之所趋的结果，并不是真正的主动自觉，一旦孩子目的达到，就不再持续努力下去了。

今天是家欣夫妇约朋友见面的日子，双方都说好了不带孩子，只是成年人之间的活动。但是3岁的儿子翔翔吵着要跟着一块去，无论如何也不肯和奶奶待在家里。为此，他不惜在地上打滚、哭闹，还把刚换上的新衣服弄脏了。

这时，家欣想到了儿子最喜欢吃的巧克力。虽然平时为了防止翔翔长蛀牙，家欣时刻都将巧克力藏起来。但这次为了克制孩子的哭闹，家欣竟将巧克力拿了出来，并向翔翔许诺："翔翔别哭，妈妈回来的时候给你带小礼物，好吗？"

事实上，家欣的这个举动无疑是鼓励了翔翔以哭闹来达到目的的行为，如果下一次翔翔想再以什么方式来达到某种目的的话，他第一时间想到的肯定是哭闹。此刻，妈妈正确的做法应该是：在翔翔还没有开始哭闹的时候就给他鼓励，鼓励他和妈妈合作，然后再对他的合作行为给予奖励。这时候，孩子的潜意识里就会形成一个概念：如果不哭不闹，听妈妈的话，和妈妈合作，就会得到妈妈的奖励，而哭闹是不能解决问题的。

现实生活中，常常听到很多妈妈这样奖励孩子："别哭，宝贝，要是你听话，妈妈给你买棒棒糖吃！""如果你不再踩水坑，妈妈给你买冰淇淋。"……也许对于当时的情形，这是一种解决问题的最有效办法，立刻就能制止孩子的哭闹行为。但是事实上，妈妈是在用"奖励"的方式鼓动孩子以哭闹的方式获得奖励。孩子一旦尝到了甜头，便会养成以不良行为换取"奖励"的坏习惯，到那时候再改正就来不及了。

奖励和惩罚是不可缺少的教育手段，可以帮助孩子养成良好的行为习惯，建立正确的是非观念。妈妈对孩子恰当的关注和奖赏，比仅仅关注孩子的错误行为要好得多，并且能增强孩子的自信、自尊和竞争的意识，激发孩子积极向上的愿望。当你以一种合理的奖励方式对待孩子行为的时候，你会发现，孩子正在向你所期待的方向发展。

小布的妈妈最近因为儿子的坏毛病而头疼得厉害。不知道从什么时候开始，小布经常忘记把牙刷放在漱口杯里，每次刷完牙后，他总是把牙刷丢在洗手台的边上，一点也不卫生。而且，最让妈妈感到气愤的是，每次当她和小布讲明这样做的坏处时，小布总是一副毫不在意的表情，一边继续自己该做的事情，一边心不在焉地回答道："知道了，妈妈。"

有一天早上，小布刷完牙之后，正要像平常一样把牙刷丢在洗手台边上的时候，突然想起妈妈说的话，于是就很认真地把牙刷放到杯子里，还特意摆了一个好看的角度。

很不巧的是，今天妈妈根本没注意到小布的这个举动，她把儿子摆正牙刷的这个细节看作是一件正常、合理的事情。

妈妈这种没有反应的表现令小布感觉很没有成就感。

第二天，小布又像往常一样把牙刷丢在洗手台边上。

"小布，你的这个坏习惯要妈妈重复多少遍才能改正呢？你又把牙刷丢在洗手台边上了，这样做是很不卫生的！"妈妈非常生气地说道。

"妈妈，我都以为你忘记了。"

"你怎么可以这样说呢？"妈妈很吃惊地看着小布。

"因为昨天我已经把牙刷放到杯子里了，但是你却什么都没有说。"

从以上案例我们可以看出，当孩子深刻地意识到自己的小毛病，并且已经做出改变的时候，妈妈一定要鼓励这样的行为，使孩子对自己行为的正确认知得到强化。如果得不到妈妈的赞赏和支持，就会像小布一样，感到十分失望，甚至放弃了改正错误的决心。此时，妈妈应该用心去发现孩子的正确行为，并且对于这样的表现应该正视和奖励，不要在孩子表现得非常出色的时候认为这是情理之中的事而漠然处之。妈妈要知道，这时候表扬孩子的正确行为比责备他的错误行为所起的教育效果要更有效。

值得每一位妈妈注意的是，在表达对孩子奖励的时候，一定要注意慎用金钱来鼓励和强化孩子的行为。否则，一旦现有的金钱奖励不能满足孩子的需要时，孩子的正确行为就会自行消失，这是所有妈妈都不希望看到的。

日常生活中我们常常听到这样的话："给妈妈捶捶肩膀，妈妈给你报酬。""宝贝，去帮妈妈买瓶酱油，剩下的零钱就归你了。"……

可是，亲子之间的关系不应该是商业关系，亲子之间的教育更不应该是金钱教育。这种用金钱的奖励换取与孩子之间互动的教育，最终只会导致孩子想要花钱的时候，就会对妈妈说："妈妈，要不我给你捶捶肩膀吧？"

除此以外，有的妈妈还喜欢用金钱来奖励孩子的学习成绩，但这样的奖励方式只能达到偶尔刺激孩子学习积极性的目的，如果总是使用这种方式，不但丧失了刺激的作用，还会使孩子产生了错误的想法：把学习等同于金钱的奖励，为了零用钱而学习。甚至还可能导致品德上的问题，比如为了获得好成绩、高分数，不惜在考试中以弄虚作假、欺骗隐瞒的方式，来获得妈妈的奖励。或者一旦没有获得好成绩，不能得到妈妈的金钱奖励时，就会心理失衡、心灰意冷，甚至丧失信心，进而在学习上退步。因此，妈妈对孩子奖励的原则一定要精神奖励重于物质奖励。否则就会造成"为零用钱而做"、"为爸爸妈妈而做"的不良心态。

如果妈妈非要给孩子以物质奖励，不妨以书籍或者其他学习用品来代替金钱，不要使孩子陷入以赚钱为动力的恶性循环。

妈妈先知道

在孩子成长的过程中，妈妈对孩子的奖励伴随着整个教育的始终。有时候，奖励是一句肯定的话语、一件漂亮的衣服、一本催人奋进的励志书……这些都是妈妈表达肯定和鼓励的方式。要注意的是，对孩子的奖励方式，一定是有教育意义的，有利于孩子成长的。同时要把握时机和分寸，要知道，对孩子正确行为的认可是对他们成长最好的奖励。

第五节　用正确方法惩罚孩子

妈妈心态：我是妈妈，我有权惩罚你。

孩子状态：对所犯错误毫无印象，不会记住去改正。

很多妈妈在惩罚教育自己孩子的时候，会不由自主地用自己的“权力”，强迫孩子改正。这种单纯地用命令强迫孩子做事的方式、惩罚孩子的方法是不可取的，只会导致孩子用其他方式来对抗。正确的方法是让孩子切实感受到自己的错误。

很多妈妈都认为，不打孩子就无法教育好孩子，所谓“不打不成材”。但是对于孩子们来说，打骂只会伤害到他们脆弱的自尊心，甚至还可能造成反作用。在对孩子的教育中，父母应该注意考虑以孩子的自尊心建立为前提，一味蛮横打骂，对孩子来说只能是皮肉之痛，不能让孩子真正地明白自己的错误。

同样，一些妈妈认为，自己的千金宝贝不能打，无论孩子做错了什么事都舍不得教育，认为孩子长大了自然能够改正。不管想让孩子完成什么事都只知道通过金钱或者物质奖励的方式来激励孩子。这对孩子的成长也是不利的，这样的孩子长大后，往往无利不往，只知道索取，不知道付出。不明白人生往往是付出大于所得，是要通过自己的辛苦努力才能换来甜蜜的喜悦。

相反，另外一些妈妈认为，“没有惩罚就没有教育”，必要的惩罚是控制孩子行为的有效信号。孩子不好的习惯需要通过惩罚来消除，杨妈妈正是这么做的。

一天，妈妈杨丽和女儿约好了一起去看电影。下午的时候，女儿的好朋友打电话过来邀请女儿一块逛街，杨丽便答应了，但她告诉女儿，必须在晚上6点之前回到家里。

可是，女儿在6点30分的时候才到家。

杨丽并没有说什么，只是让女儿看了下表，女儿知道自己没有遵守和妈妈的约定，便低着头向杨丽道歉：“妈妈，我错了。”

晚饭过后，女儿赶紧换上衣服，这时杨丽让女儿看了看表，说：“时间来不及了，今天的电影恐怕是赶不上了，下次我们再去吧。”

女儿央求妈妈带她去看电影，然而杨丽并没有心软，只是淡淡地说：“由于你回来晚了，耽误了时间，这次看电影的计划也就相应地取消了。”

用惩罚的方式来纠正女儿不守时的坏习惯，效果是显而易见的。妈妈杨丽不仅注重用奖惩分明的手段来纠正女儿的不良习惯，同时也积极地向她灌输了“做人要讲信用”的理念。

孩子在做诸如打架、欺负同学、拆毁玩具和东西等错事的时候，如果不加以惩罚，这些不良的表现也许就会进一步加深和发展。那么怎样惩罚有过错的孩子，帮助他们认识自己的过错并且改正呢？

有时候，妈妈的命令、强迫行为只能给孩子带来反感，进而不能达到惩罚的效果。正确的方法是让孩子切实感受到自身的错误。

娜娜满13岁了，已经是个知道穿衣打扮的小姑娘了，最直接的表现就是她换衣服的频率越来越高了，这也加重了妈妈处理家务的负担。于是，妈妈找她谈话："宝贝，妈妈工作特别繁忙，你是知道的。你已经13岁了，应该学会为妈妈分担家务，做一些属于自己能力范围的事情。以后你的衣服试着自己洗，如果你忘记了，那你只好穿脏衣服了。"娜娜很爽快地答应了。

一周之后，妈妈发现洗衣机里面全是娜娜的换洗衣服。她非常生气，于是很严厉地批评了娜娜的行为，娜娜答应了妈妈会改正。

但是接下来的一周，娜娜还是没有清洗自己的脏衣服。洗衣机里已经放不下了，家里到处都是娜娜的脏衣服，她已经没有几件干净的衣服可以换了。但是娜娜宁愿从脏衣服堆里挑稍微干净的衣服穿也不愿意动手洗脏衣服。

妈妈终于被激怒了，她将娜娜狠狠地骂了一顿，逼着娜娜在洗衣机前把衣服洗了……可是，娜娜的坏习惯并没有因此而改变……

事实上，娜娜是一个爱打扮的女孩，不可能一直穿着脏衣服，她肯定懂得什么是漂亮的、什么是邋遢的。她不肯清洗脏衣服可能是出于对妈妈干涉自己的抗议，她想让妈妈知道，她并不愿意让别人强迫自己做事情。因此，她宁愿穿脏衣服，也不要妈妈的支配。

对于这件事情的处理，妈妈不应该以强迫娜娜在洗衣机前清理衣服的方式结束，而是应该直接告诉她，她已经长大了，有能力管理自己的生活，清洗衣服是她能力范围的事情，她应该为此负责，妈妈不会再替她操心。如果妈妈以这种心平气和的方式与娜娜进行沟通，了解女儿不洗衣服的原因，可能就会避免了这一场长时间的斗争，而事情的结果也许会不一样。

很多妈妈在教育自己孩子的时候，会不由自主地用自己的"权力"，强迫孩子改正，就像案例中妈妈强迫娜娜洗衣服一样。这样单纯地以命令强迫孩子做事的方式只会换来孩子用其他方式来抗争。

对于孩子的惩罚，涉及一种“自然惩罚法则”。自然惩罚法则的内涵是：当孩子在行为上有错误的时候，不应当对孩子过多指责，而是让孩子自己承担由于错误而造成的直接后果。给孩子心理上的惩罚，使其在承受后果的范围内感受心情上的不愉快或者痛苦，进而让孩子自我反省、自觉弥补过失，改正错误。这个法则其实就是让孩子在自作自受中体验到痛苦的惩罚，进而汲取教训。

自然惩罚法则确实能够帮助孩子学习到很多东西。每一次“惩罚”的背后，孩子肯定都能领悟到什么。但是这里所强调的法则，妈妈对孩子惩罚并不能等同于平常人的惩罚，这里的惩罚必然是以教育为目的的，是妈妈在孩子成长过程中对孩子的一种特殊教育手段。

受到惩罚的孩子也许会感到迷惑不解，不知道到底应该怎么做才是。他们也许是在猜测，妈妈到底想要我怎么做呢？

但是，不管妈妈怎么说，目的都是在劝孩子放弃原有的行为，对于孩子，并没有真正意识到这种行为存在的危害性。

如上述案例中，妈妈并没有告诉娜娜不清洗衣服的坏习惯对自己日后成长的害处。其实不论是大人还是小孩，受到惩罚后都会有一种羞辱感，感到压抑、困惑、恼怒，甚至想报复。如果从另一个角度做出相应的努力，这些不良的情绪就会减少或许不会出现了。

当妈妈认为惩罚必不可少的时候，最好的办法就是当即实施，简洁明了，而且应与孩子的具体行为结合起来，尤其是年龄较小的小孩，更应该是这样。但是一定要注意对惩罚时间的控制，最好不超过一分钟，否则会使孩子产生敌对的情绪。

妈妈先知道

一个真正的好妈妈应该意识到，世界上没有不犯错的孩子，处于成长阶段的孩子总是会不停地犯错。因此，对于孩子的惩罚也是必不可少的。但是一定要注意惩罚的方式，在实行惩罚时，一定要注意结合孩子的个性特点、兴趣和动机，指出孩子的过错并加以责备，警告他不再犯错就可以了。同时一定要注意选择适当的场合和时机，一般情况下，在孩子开始悔悟并承认自己的错误、愿意改过的时候便适可而止。

第六节　让孩子吃苦，没什么不好

妈妈心态：现在条件好了，谁还舍得让孩子吃苦啊？

孩子状态：缺乏克制和吃苦精神，无法适应社会。

妈妈们疼爱自己的孩子，怕孩子吃苦受累的心情谁都能够理解。但是妈妈们应该尽早弄明白自己到底想让孩子长大后成为怎样的人，是一个成就伟大事业的人，还是一个一无是处的人？但凡那些有大作为的成功者，都从小就养成了勤劳、不怕吃苦的好习惯。因此，能不能帮助孩子养成热爱劳动、不怕挫折和失败的好习惯才是妈妈们真正应该做的。

如今人们越来越富裕了，生活质量也在不断提高，许多小时候穷苦的父母都不愿意让孩子再受这份苦，他们竭尽全力让自己的孩子过好日子。有些父母对自己的孩子是捧在手里怕摔了、含在嘴里怕化了，不舍得让孩子做任何事情，恨不能把所有的事情都替孩子想到，事事都亲力亲为。尤其是妈妈们，她们“不忍心”让自己的孩子吃一丁点苦，受一丁点委屈，可是她们不明白这样做不是真正对孩子好，而是在害孩子。

在这一点上，妈妈们应该向美国的妈妈们学习，该“狠心”的时候就得“狠心”。下面我们来看两个例子，看看美国妈妈们是如何对自己孩子“狠心”的：

第一个例子：有一年圣诞节前夕，纽约下起了大雪。人行道上走来一位母亲，她身上裹着厚厚的棉衣，手上推着一辆婴儿车。这位母亲每走一段路就停下来暖暖手，再跺跺脚。再看车里的小婴儿，他看上去也就6、7个月大，两只大眼睛一直好奇地左看右看，小脸蛋冻得红红的，小手不停地指这儿指那儿，嘴里还在喃喃地说着什么。

很多过路的人都好奇地看这对母子，有一位老人还问这位母亲说：“这么冷的天气，孩子不会感冒吧！”旁边路过的人也关心地问：“孩子这么小，不怕冻坏他吗？”

这位母亲微笑着说：“没关系，我只是想让孩子呼吸一下新鲜的空气，接触接触大自然。”

第二个例子：1岁的小吉姆正在爬沙发扶手，扶手虽然不高，但是对小吉姆来说爬着有点困难。妈妈没有阻止儿子这么做，而是在旁边保护他。小吉姆历尽千辛万苦好不容易快要成功了，可是一个不小心他摔在了铺着地毯的地板上，便嘴一咧哭了起来。

妈妈对小吉姆说：“孩子，别哭，自己站起来。别害怕，妈妈在旁边看着你，你一定能爬上去。”有了妈妈的鼓励，小吉姆停止哭泣，站起来重新爬沙发，并且成功了。

妈妈们看完上面的例子一定无法赞同这两位美国妈妈的做法，一定觉得这么做太残忍了。但是我要说，这两个例子确实能给妈妈们很大的启示。

每个妈妈都希望自己的孩子长大后有出息，但是孩子要从小培养，而不是等到他们定型了之后再去大呼小叫地教育他们。那样做既费力气又没效果，为何不在一开始就选择一种对孩子有益的方式教育他们呢？我能够理解妈妈们疼爱孩子的心情，可是孩子毕竟是要成长的，妈妈们不可能一辈子守护在孩子身边，如果现在不让孩子吃点小苦头，孩子长大进入社会后就会吃更大的苦头。因此，妈妈们应该多让孩子们体验生活中的酸甜苦辣，让他们知道幸福生活不是别人给的，而是要靠自己争取的，多经历挫折和失败绝不是件坏事情。

如果妈妈们总是过分“害怕”自己的孩子吃苦，就会让孩子们掉进你们的“害怕”中，你们的害怕让他们觉得所有的事情都太难做了，没有了妈妈自己什么都做不了，进而在不知不觉中对父母形成一种依赖心理。这种依赖心理对孩子来说极其有害，甚至可能会毁掉孩子的一生。

基于此，所有的妈妈们都应该理性地对待“让孩子吃苦”这件事情。一位妈妈就曾深刻体会地说：“我从来不过分溺爱孩子，我总是让他做一些力所能及的事情，让他养成自己的事情自己做的好习惯。从准备要让他上幼儿园的那天开始，我就不再喂他吃饭，也不帮他穿衣服，而是让他自己做。无论他做得好坏，我都给予他肯定和鼓励，这样才有利于他的成长。”

现在有很多妈妈都舍不得让孩子吃苦，不但不让孩子做困难的事情，甚至连擦桌子、扫地这种小事情都舍不得让孩子做，宁可让孩子看电视、玩游戏。这种做法往往让孩子们不会珍惜妈妈的劳动成果，觉得妈妈为自己做什么事情都是理所当然的。聪明的妈妈懂得让孩子吃点小苦头的道理，并且会使用独特的方式让孩子明白他们应该经历生活中的点点滴滴。

王丽有个上小学2年级的儿子，7、8岁正是最调皮捣蛋的年龄，她儿子在调皮这方面似乎比别的小孩子更胜一筹，每天都有使不完的新招数。

一个星期天，王丽用了一个上午把家里收拾得干干净净，还把玻璃窗擦了一遍。快到中午时，王丽累得不行了，她准备休息10分钟再做午饭。这一休息不要紧，她不由自主地睡着了，过了好长时间才醒了过来。

当她走出卧室来到客厅时，眼前的这一幕快把她气疯了：客厅的地板上到处摆着儿子的玩具，刚擦干净的玻璃窗、家具上写满了白色的字。再看儿子，手里拿着一管喷雾还在玻璃窗上继续写字。

王丽对自己的小疏忽后悔莫及，那管喷雾是圣诞节时用剩下的，刚才收拾时扔到了垃圾桶里，可是垃圾没有扔出去，现在一上午的辛苦算是白费了。

这时候出去办事的丈夫回来了，他看见屋子里一片狼藉，立刻明白是儿子又捣乱了。他一把抢过儿子手里的喷雾，准备好好地教训他一顿。

儿子知道爸爸又要教训自己了，连忙求饶道："我不是故意捣乱的，我只是看见垃圾桶里有这个就拿出来看了看。"

丈夫一听更生气了："我看你就是故意的，你说说你哪天不捣乱？你每天都在不停地捣乱。"

看着爸爸发威，儿子不但不害怕还笑嘻嘻地说："捣乱怎么啦！"

丈夫一看这孩子越来越不听话了，就走到儿子身边想抬手打他，没想到儿子"哇"的一声哭了起来。

王丽见儿子哭了，就上前阻止丈夫说："你刚回来，还是先去换衣服吧！我来说他。"

王丽把儿子拉到身边说道："妈妈相信你不是故意的！"

儿子委屈地看着妈妈，点了点头。

"可是，哎哟……"王丽扶着自己的腰坐在了地上。

儿子赶忙问道："妈妈，你怎么啦？"

"妈妈做了一上午的家务，太累了，腰疼。你想呀，屋子这么大，妈妈一个人收拾，也没人帮我，我多累呀！”

儿子一边给妈妈揉腰，一边问道：“真有那么累吗？”

“那当然啦！要是有人帮我就好了，我就不用这么辛苦了！你看看现在，屋子又乱了，妈妈还得收拾，看来我要累死了！”

“那我来收拾吧！”儿子说。

王丽心想，自己的方法奏效了，心里美美地坐在沙发上看着孩子收拾。

从那以后，儿子就不像以前那么调皮捣蛋了，还经常帮妈妈做家务。

妈妈们怕孩子吃苦，不让孩子做家务，这样就会让孩子养成不爱劳动的习惯。小时候养成这种习惯，长大了就会养成好吃懒做的坏毛病。所以说，妈妈们千万不要小看劳动这件事情，一个人爱不爱劳动对他的一生都有很大的影响。事实证明，凡是那些有大作为的成功者，都是从小养成做家务、爱劳动的好习惯；凡是那些从小不爱劳动的人，长大后就会好吃懒做，眼高手低，觉得做什么工作都辛苦，总是渴望坐享其成，这种人往往一无是处。

妈妈们既然想让自己的孩子将来有大作为，就不应该害怕让自己的孩子吃苦。成功的道路不是一帆风顺的，总是布满荆棘，害怕挫折和失败的人永远都不可能有出息。而且所有的成功都是靠个人自身的努力获得的，只想收获不想付出的人同样不能品尝到胜利的果实。如果妈妈们不在孩子小的时候让他养成一种自己的事情自己做的好习惯，过分溺爱孩子，当孩子长大时他们就会经不起任何的风吹雨打，一点点小的挫折和失败就有可能把他们击垮。

心理学家马斯诺曾说过，“挫折未必总是坏的，关键在于对挫折的态度。”在孩子小的时候让他们吃点苦，经历一下挫折，这样有利于培养他们独立自主的意识和坚忍不拔的品格。

为了让孩子健康的成长，为了让他们长大后能够立足于社会，也为了让他们成为有用的人才并成就伟大的事业，妈妈们要抛弃害怕孩子吃苦的想法。小时候吃小苦，长大后就能避免吃大苦。帮助孩子养成勤劳、不怕挫折和失败的习惯才是妈妈们真正应该做的。

妈妈先知道

很多妈妈们都不想让自己的孩子吃苦，为此她们为了给孩子最好的生活，尽量满足孩子们所有的要求，不让孩子做任何家务事。妈妈们以为这就是她们爱孩子的最好方式，却没意识到这样会使孩子们养成好吃懒做的坏习惯，这种所谓的爱其实是在害孩子。

第七节　不要做孩子隐私的“窥视者”

妈妈心态：偷看孩子的日记是为了更了解他。

孩子状态：不再相信别人。

所有的人都有自己的隐私，孩子也有，随着孩子年龄的不断增长，他们心中的小秘密会越来越多，而且他们不再像小时候那样事事都告诉妈妈，这是非常正常的现象。可是妈妈们出于对孩子的关心，总是利用各种招数打探孩子内心的想法。妈妈如果使用了不得当的方式，不但解决不了问题还会把事情搞得更糟，孩子也会离妈妈越来越远。

隐私权是自然人享有的私人生活安宁与私人信息秘密依法受到保护，不受他人非法侵扰、知悉、收集、利用或者公开的一种人格权。公民的隐私权是受到法律保护的，这里的“公民”是指全体公民，没有性别、年龄、职业等等的区分。尊重公民的隐私是社会文明进步的象征，这就需要每个人从自身做起，不要随意打探他人的隐私。

所有的人都有自己的隐私，孩子也有，随着孩子年龄的不断增长，他们心中的小秘密会越来越多，而且他们不再像小时候那样，事事都告诉妈妈，这是非常正常的现象。尤其是处在青春期的孩子们，他们往往把自己的内心世界隐藏起来，不愿意与父母分享，也很反感父母打探自己的隐私，可是妈妈们出于对孩子的关心，总是利用各种招数打探孩子内心的想法。这就使妈妈和孩子之间产生了矛盾，孩子越是隐藏，妈妈就越想知道孩子究竟在想什么，在这个时候妈妈如果使用了不得当的方式，不但解决不了问题还会把事情搞得更糟，孩子就会离妈妈越来越远。在生活中有很多妈妈不尊重孩子隐私的情况，比如下面的这个例子：

娜娜的妈妈最近总是接到奇怪的电话，这些电话都是接起来却没人讲话。有一天，她又接到这样的电话，娜娜的妈妈生气地说："你到底找谁呀？打了电话又不说话，再这样我报警了！"这时对方说话了："请问娜娜在吗？"是一个男孩子的声音。娜娜的妈妈眉头紧锁，语气严厉地说："她不在，你是谁呀？找她有什么事儿？"可是对方迅速地把电话挂断了。妈妈心想，娜娜今年 14 岁，正处在青春发育期，生理特征开始凸显，再加上娜娜长相甜美，莫非是孩子开始谈恋爱了？

妈妈开始警惕起来，不时地观察孩子的举动，后来妈妈发现娜娜有写日记的习惯，为了知道孩子在想什么，她就送给娜娜一个带锁的日记本。但是娜娜的妈妈没有把钥匙全部交给女儿，而是自己留了一把。每当娜娜去上学的时候，妈妈都来到女儿的房间，找到那个日记本，偷看女儿的日记。几天下来，娜娜的妈妈没发现任何端倪，她决定继续偷看女儿的日记。这天，娜娜的妈妈下班回家后又来到女儿的房间偷看日记，不料被提前放学的女儿撞了个正着。娜娜伤心极了，一边哭一边说妈妈是小偷，这下可把妈妈气坏了，狠狠地打了孩子一顿，妈妈说："我这样做还不是为你好，怕你学坏，你这么没礼貌，还说妈妈是小偷，你这样做对吗？"

从那天起，娜娜就变得少言寡语，和妈妈的关系在一夜之间疏远了很多，她也不再写日记了，她觉得世界上没什么人值得自己信任，因为连和自己最亲的妈妈都背叛了她。

每个人心中都有不想让别人知道的心事，如果一个人把自己所有的隐私全部暴露在众人面前，那么他就不能成为一个真正意义上独立个体的人。成年人最讨厌别人打探自己的私事，孩子虽然年纪小，但是他们也是有思想的人，他们的隐私权同样应该受到保护。一个人的隐私受到了侵犯就如同自己的尊严受到了侵犯，侵犯孩子隐私权的主体往往是家长和老师，孩子一定不会选择通过法律途径保护自己的利益，这就造成家长和老师总是忽视孩子们的尊严，无情地窥探孩子的隐私，他们甚至认为小孩子谈隐私很可笑。妈妈们千万不要小看侵犯孩子隐私这件事情，它会给孩子带来不小的危害。

首先，侵犯孩子的隐私会伤害他们的自尊心。很多孩子做错事情或者有某些缺点都喜欢隐藏起来，他们不希望他人知道自己的不足，而是想自己默默地改正错误。如果妈妈们发现了孩子的这些隐私，并把它们无情地揭露出来，就会深深地伤害到孩子的自尊心，同时也打压了孩子改正错误的自信心。

其次，侵犯孩子的隐私会使孩子产生消极心理。父母是孩子最亲近的人，也是孩子心中最值得信赖的人，如果父母不顾孩子的想法，随心所欲、理直气壮地窥探孩子的隐私，甚至把这些隐私泄露给他人，都会使孩子缺乏安全感。他们会想连爸爸妈妈都不能相信，自己还能相信谁？渐渐地，孩子就会产生消极心理，变得多疑，这不利于孩子的健康成长。

再次，侵犯孩子的隐私会使孩子和父母的关系变得生疏。父母一旦侵犯了孩子的隐私，哪怕只有一次，都会在孩子心中蒙上一层阴影，这层阴影会使孩子与父母之间的距离越来越远，他们更加不会选择对父母说出自己的心里话。父母本来是想通过偷看孩子日记或者信件的方式来了解孩子的内心想法，没想到这样做反而把孩子从自己身边推得更远。

最后，侵犯孩子的隐私会影响孩子的性格发展。有很多性格内向的孩子不愿意把自己所有的想法告诉父母；即使是性格开朗的孩子也有不想与别人分享的秘密，他们更愿意以写日记、写信件等方式宣泄自己的情绪。也许这些方式是孩子表达真正自我的唯一途径，如果父母偷看孩子的日记、信件等就等于封死了孩子的最后退路，孩子还会表露自己的真性情吗？慢慢地，他们的性格就会变得孤僻，不愿意与人交谈，有些孩子还会患上自闭症，这种结果一定是父母不愿意看到的，那么爸爸妈妈们又何必剥夺孩子唯一的宣泄方式呢？

很多父母都有这样的想法："我是孩子的家长，我有权利知道孩子的一切事情！"俗话说"己所不欲勿施于人"，大人们不会把自己的所有秘密公之于众，并且讨厌别人侵犯自己的隐私，那么家长们就没有权利强迫孩子在自己面前没有秘密，更没有权利使用某些不正当的手段窥视孩子的隐私。在大多数家庭中，妈妈们扮演了教育孩子的主要角色，所以你们必须清楚地认识到侵犯孩子隐私的严重性，侵犯孩子的隐私，也就是侵犯孩子的人格。妈妈们应该尽量多地给孩子一些属于自己的自由空间，让孩子拥有属于自己的小世界，这样孩子才能健康快乐地成长。

妈妈们如果发现孩子有某些异常的变化，应该使用正确的、积极的方式了解孩子的想法，比如和孩子像朋友一样坦诚地交谈，站在孩子的立场上想问题。生活中难免遇到一些不可避免的敏感话题，这时侯妈妈们应该怎么做呢？最错误的方式就是逃避话题，批评或者嘲笑孩子。妈妈们应该鼓励孩子说出自己的想法，并且做出正确的引导，给孩子一种可以信任的感觉，让他们觉得妈妈和自己是朋友。这样孩子才会向你们吐露心声，你们才能实时地了解孩子的心理动态。妈妈们不是不能了解孩子的想法，而是应该讲究方式方法，来看看下面的几个例子：

例子一：王女士有一个13岁的女儿，在上初中。有一天女儿回到家中有些心不在焉，她好像是想对妈妈说些什么，但是总是欲言又止。王女士断定女儿有事情，就对女儿说："孩子，你今天是不是有不高兴的事情，跟妈妈说说，妈妈帮你分析分析！"女儿支支吾吾地说出事情的原委，原来是班里有一位男同学在追求女儿，还给女儿送了情书。王女士听完先是一愣，随后便恢复了冷静，她非常自然地对女儿说："噢，原来是这样呀！有这种事情是正常的，妈妈也经历过。但是女孩不能光靠外表，要有良好的修养，修养只有靠知识的累积才能获得。所以你应该好好学习，将来成为更有魅力的女孩，追求者会更多！"女儿不好意思地笑了笑。后来女儿经常和王女士像朋友一样谈心，每一次王女士都从女儿的角度想问题，替女儿排忧解难，从来没有毫无理由地责备女儿。

例子二：李先生的儿子从小活泼开朗，特别喜欢和别人说话，可是李先生发现随着年龄的增长，儿子不像以前那么爱和别人说话了，和父母的话也变得很少了。妻子也觉得纳闷，担心孩子是不是有什么事情瞒着他们。

李先生和妻子商量要和儿子好好地谈一谈，找出孩子不爱说话的原因。经过和儿子的一番恳谈，李先生对儿子有了新的了解。儿子是这样说的："我觉得男孩子要沉稳些，不应该每天叽叽喳喳的，我也有秘密、有想法，不一定非得告诉爸爸妈妈。"李先生感觉到孩子长大了，他们应该给儿子一个属于自己的空间。

第二天，李先生为孩子买了一个精致的日记本，他对儿子说："爸爸知道你需要自己的空间，你如果有什么不想和父母说的话，就写在日记本上吧！我和你妈妈不会偷看的，你放心。不过你要记住，遇到自己解决不了的事情一定要和父母说，我们一定会帮助你，给你一些有用的建议。”儿子高兴地点了点头，收下了日记本。从此儿子有不想和父母分享的秘密就记在日记本里，李先生和妻子也按照约定从不偷看孩子的日记，儿子有了难事也会和他们商量，他们之间就像朋友一样。

这样看来，通过和孩子成为真正的朋友，来了解孩子内心世界的做法远比侵犯孩子隐私来的高明。妈妈们应该向以上案例中的主角学习，用正确的方式了解和引导孩子。

在生活中，妈妈们除了喜欢侵犯孩子的隐私外，还喜欢干涉孩子的交友自由，这个毛病也应该改掉。现在有很多孩子一到节日或假日就躲在家里玩游戏或者看电视剧，很少和朋友在一起，本来与别人交往的机会就不多，如果父母又在中间横加阻拦，孩子就更没机会与朋友相处，这样不利于培养孩子的社交能力，长大后是会吃亏的。

有些妈妈担心孩子交友不慎会学坏，总是过度地干涉孩子的人际交往，导致孩子总要向妈妈汇报自己朋友的详细情况。可是妈妈们应该明白你帮了孩子一时却帮不了他一世，难道等他长大后你还要帮他挑选朋友吗？妈妈们应该从正面引导孩子，告诉孩子应该结交什么样的朋友，让孩子自己去判断，锻炼孩子的分辨能力，而不是过多地干涉孩子的交友自由。另外，孩子也有交朋友的权利，这种权利是妈妈们不应该剥夺的。

妈妈先知道

妈妈们千万不要小看侵犯孩子隐私这件事情，它会给孩子带来很大的危害。应该鼓励孩子说出自己的想法，并且做出正确的引导，给孩子一种可以信任的感觉，让他们觉得妈妈和自己是朋友，这样孩子才会向你们吐露心声，你们才能实时地了解孩子的心理动态。

第二章

打造母子的“彩虹之桥”，让孩子向你完全打开心扉

第一节
孩子是独立的个体，交流的基础应该是平等的

妈妈心态：你要听妈妈的，这没什么可商量的。

孩子状态：总是被命令，伤害了孩子的尊严与自信。

父母应从与孩子的言谈中结合家庭情况，引导他。父母的耳朵永远俯在孩子的心灵上，他们的智慧火花应该永远照耀着孩子前进之路。

每个小孩子都是一个独立的个体，都希望“做自己的主人”，受到别人的尊重。很多妈妈抱怨无法和自己的孩子建立有效的沟通与交流，其实妈妈们往往忽视了，有效交流的前提是母子之间的平等。如果妈妈们依然抱着一副我是妈妈我说了算的态度与孩子交流，试想一下，会有效吗？

早上，5岁的迈克正在费力地穿着一件妈妈昨天特意为他买的小毛衣。可是迈克搞不清楚毛衣的正反面，使得穿衣成了一件让人头痛的工作。

“迈克，穿好了没有，要不要我帮你？”妈妈焦急地喊道。

“我要自己穿！”过了一会儿，妈妈不耐烦了。她必须在9点以前赶去

上班，在这之前，她还要送迈克去幼儿园。

“我帮你穿！”妈妈伸手要帮他穿。

“我不要你帮！我要自己来！”迈克摇晃着身体大叫。

“别再耍脾气了，妈妈上班时间快到了。快过来，妈妈给你穿！”妈妈看着手表，焦急地说道。

“不，我不用你帮！”迈克往床边使劲后退了一步。

这次，妈妈真的生气了，她一把将迈克拉了过来，“你真是在浪费我的时间！”妈妈边说边强行从迈克手中夺过毛衣，而迈克则试图挣脱妈妈的拉扯，他拒绝妈妈将毛衣套进他的小脑袋。

迈克的妈妈虽然是出于好心，而且实际情况也要求迈克必须快点穿好毛衣，但她没有考虑到尊重孩子的意愿，而是把自己对事物的判断强加给了孩子，致使迈克在穿衣服这类小问题上反抗妈妈。在这个时候，妈妈与孩子的位置便有了倾斜，妈妈过分看重了自己的权利而忽视了孩子的权利。在这种情况，妈妈与孩子之间很难建立起有效的交流，孩子自然不愿意听妈妈的话。

大家常常可以看到这种现象：当妈妈认为应该出去散步了，即使这时孩子正在高兴地玩耍，她也并不顾及孩子的感受，打断他的活动，把孩子打扮一番就带他出去了；孩子正在做一件事情，例如把泥土装到桶里去，这时妈妈的一位朋友前来拜访，于是妈妈要求孩子立即把散乱一地的泥土收拾干净，然后孩子被带到客厅见客人。

父母不断地突然闯进孩子的活动中，并且不容商量地就操纵他们的生活，这就是对孩子的不尊重。得不到妈妈尊重的孩子，会觉得自己软弱无能，这种感觉经过长期的累积，会使孩子逐渐变得沮丧和缺乏信心，进而压抑了孩子主动行动的欲望。所以，在与妈妈的交流中得不到尊重，导致后果必然是孩子不喜欢听妈妈的话。

因此，妈妈与孩子进行有效的沟通，让孩子倾诉对某件事情的看法，并与孩子就此事进行探讨，是尊重孩子最实用的办法。

妈妈只有从生活中的小事做起，才能最终赢得母子相互尊重、有效交流的成果。

不知为什么，琳琳总是喜欢和邻居阿姨在一起聊天，心里话也总是愿意跟她讲，而不愿意和自己的妈妈讲，妈妈对此有些生气和困惑。

“琳琳，你怎么总往阿姨家跑呢？”妈妈不满地问。

“因为阿姨和我是好朋友，她和我说话时总是喜欢蹲着的，我喜欢她这样对待我。”琳琳回答道。

妈妈这才搞清楚其中的原因：“你是不是觉得在和阿姨说话的时候，你和她是一样高啊？”

“当然了，妈妈整天上班不在家，晚上回来还总是板着脸，太严肃，我怕妈妈。”

妈妈终于找到了孩子不愿与自己交流的原因，从此以后，妈妈努力改正。每当和琳琳说话的时候，总是耐心地听孩子讲，并蹲下身子，轻轻地抚摸着孩子的小脑袋瓜。同时用温柔的眼神注视着琳琳，用心找一些和孩子有关的话题与琳琳沟通，还总是征求琳琳的意见。渐渐地，琳琳觉得自己在妈妈前面是一个小大人，十分开心。

就这样，孩子接受了妈妈，许多心里话也愿意和妈妈讲了。妈妈笑了，孩子也笑了。

平等和尊重是相互的。如果妈妈不尊重孩子，妈妈就不能得到孩子的尊重。只有从小把孩子当成一个独立的个体，妈妈才会去尊重孩子。最好的做法是：妈妈要学会倾听孩子对一件事情的看法，并针对孩子对这件事情的看法进行充分的探讨。

通常情况下，孩子们并不理睬妈妈的告诫，因为孩子觉得自己的意见妈妈也不肯听，所以在潜意识中产生一种不自觉的反抗。妈妈在匆匆给予孩子告诫的时候，并不愿意听取孩子的解释。一旦孩子认为妈妈根本不听自己的意见，他也就不再接受妈妈的意见。

许多妈妈在孩子面前总是表现出一副高高在上，绝对权威的样子，以维护家长的尊严。这不仅拉开了妈妈与孩子心灵之间的距离，使得妈妈不能实时了解孩子的心理变化，孩子也无法从妈妈那里学到更多的知识，得到信息。

每个妈妈都希望把自己的观点准确地传达给孩子，但是大多数妈妈又不知如何做到。于是一些妈妈变得专横严厉，唯恐孩子不听话，很少听孩子的解释，管得分外严格。结果，家里人人都不高兴，再好的劝告也无法得到孩子的反馈。

母子之间的交流不应该处于这种敌对的状态。妈妈首先要让孩子表达他对事情的观点，即便这些观点刚好与自己的相左。如果孩子提出一个显然无理的要求，也不要立刻给予驳斥。相反，妈妈应当试着让孩子说说自己的理由，这样孩子会感到妈妈肯倾听，即使最终会驳回他的请求，也不会过于失落。事实上，平等的交流会让孩子发自内心地愿意与妈妈进行沟通。

妈妈在解答孩子的疑问时，也应多花些时间，特别是那些让自己生气的问题。先考虑一下自己的答复，计划好自己的劝告或告诫该怎样说，不要忙于批评或者责备，因为孩子会更愿意倾听你的理性分析，而不是与你争吵。

一些妈妈或许会担心，假如允许孩子表达自己的不同意见，孩子就不会听话了。可是妈妈们应该懂得，让孩子说话并不会影响你做出的决定。相反，创造一种互相尊重、平等轻松的交流气氛，孩子会更容易接纳你的意见。

在孩子未来的成长道路中，他会遇到各种具有不同观点和想法的人。给你的孩子示范良好的沟通技巧，会帮助他在今后与他人更好地交流、合作。

妈妈先知道

“高高在上”的妈妈在孩子面前就像是遥不可及的“神”一样，但是，孩子还没有学会对“神”的敬仰，心中就不自觉地与之产生了很大的距离。所以，妈妈要努力做到平等地对待孩子，放下“妈妈的架子”，丢掉那种居高临下与孩子交流的姿态，蹲下身子以平等的态度对待自己的孩子。

第二节
孩子的心声是倾听出来的，让孩子把话说完

妈妈心态：孩子怎么可以与大人争辩？

孩子状态：反正妈妈也不想听我说，关上与妈妈沟通的大门。

多听听孩子的心声，掌握孩子的内心变化，不但可以增进妈妈与孩子之间的感情，也可以使孩子明白：无论遇到什么事情，妈妈都会永远支援和体谅他的。

在孩子成长的过程中，总会有这样或者那样的烦恼与不解，最亲近的妈妈可以说是孩子首选的倾诉对象。可是很多妈妈却十分苦恼孩子什么事情都瞒着她，总是把自己的秘密藏在心里却不讲给自己听。孩子恋爱了，孩子被人欺负了……当问题发生的时候，受到隐瞒的往往是最爱他的妈妈。为什么会出现这样的情况，孩子们为什么不信任最爱他的妈妈呢？这与妈妈和孩子的交流方式有很大的关系。

妈妈应该学会倾听孩子的心声，不要轻易否定自己的孩子，这样容易挫伤孩子的积极性。如果你想深入了解自己的孩子，就必须先学会倾听。如果只是不断地责备，孩子就会失去表达的兴趣，养成沉默不语的习惯。把自己

的意志粗暴地强加在孩子的身上，弄出许多框框来约束孩子，这是太多妈妈的教育方式。

她们误以为只要这样做，就可以让孩子按照她们的意愿成长，但这恰恰错了。得不到倾诉的孩子会把自己藏得很深，而爆发的就更厉害。孩子有什么心事都不敢或者不愿和妈妈讲，有什么开心的或者不开心的事情也不愿意妈妈知道，或者事事和妈妈作对，这不能不说是妈妈教子的一种失败。

一天，贝克放学回家，一进门就大喊："我不想去学校，我讨厌我的老师！"

如果是平时，听到儿子这么说，妈妈肯定会大声训斥他。但是这一次由于她声带发炎，不能说话，没办法那样做，只能默默地听孩子在那里不停地发牢骚。

贝克在妈妈身边十分生气地说："妈妈，老师真讨厌，从不给学生留一点面子。今天上课她让我们写一篇作文，我只是写错了一个字，她就当着全班同学的面批评我，惹得大家都笑我，让我很难堪，真是气死我了！"

妈妈轻轻地抚摸着儿子的头，默默地注视着他，认真地听儿子不停地说着。贝克发完牢骚，沉默了几分钟，从妈妈怀里站了起来，对着妈妈说："我要出去玩了，伙伴们还在等我呢！"

从儿子释然的表情上，妈妈明白到，孩子在这个时候并不需要妈妈的教训与忠告，他受了委屈，只需要有个人倾听他诉说，这样心里就会好受些。

妈妈的倾听给了贝克一个倾诉的机会，进而使孩子能够向妈妈吐露内心的烦恼。当孩子有话要对妈妈说的时候，他最喜欢的是妈妈静静地倾听。因此，在这个时候，妈妈不管多么忙，也不要对自己的孩子说："我现在没有时间，过会再说好吗？"

倾听孩子诉说，有时候并不需要妈妈说些什么，你只要做一个倾听者，认真地听孩子把话讲完，孩子就会很满足。因此，妈妈给予孩子的充分关注、尊重和时间，是对孩子成长最大的帮助。

作为一个出色的妈妈，与孩子交流的时候要尽量做到和颜悦色，千万不要用命令的方式与孩子交流。不要总是站在成人的立场上，用成人的思维方式去为孩子分析问题。通过有效的倾听，你要让孩子自己去试着解决问题，这样会使他们不怯于亲身体验。

用了解、倾听的态度与孩子谈话，让孩子感受到你尊重他的独立性。

希尔在10岁生日的时候，收到了外婆送给他的一分珍贵的礼物——一只可爱的小兔子。他非常喜欢这个礼物，可是刚养了一个多月，小兔子就死了，希尔的心里非常难过，跑到妈妈面前，伤心地对妈妈说："妈妈，我的小兔子死了。"

"儿子，好可惜，你那么爱它，一定非常难过，我能理解你的心情。"妈妈也感到十分惋惜。

小希尔趴在妈妈的身上，哭着说："妈妈，我不懂，小兔子为什么要死呢？我喂它吃，喂它喝，还经常陪它玩，难道我对它不好吗？它是不是不喜欢我这位朋友呀？"

"你待它那么好，它却丢下你这个好朋友自己走了，真是让人难过啊！"

希尔的妈妈主动倾听儿子的哭诉，而且对儿子的遭遇表示同情，让希尔难过的心情得到了一定的平复。

认真倾听孩子的心声，了解孩子的感受，不但可以增进妈妈与孩子之间的沟通，还可以让孩子明白：无论自己遇到任何烦恼，回到家里都会得到妈妈的支援和体谅。这会增强孩子的安全感，使孩子愿意主动地与妈妈交流。

作为妈妈，每天在孩子入睡前，尽量留一段时间听孩子讲述今天发生了哪些事情，时间长了，孩子自然就会对事情做出评价，哪些事情做得好，哪些事情做得不好。在叙述事件的过程中，孩子会逐渐习惯反省自身的对错，而妈妈也会对孩子的个性、待人处事有清楚的了解。

妈妈总是希望孩子对自己敞开心扉，希望孩子有什么事都跟自己商量，征求自己的意见。但妈妈应该首先营造用心倾听孩子说话的氛围，赢得孩子的信任，才能与孩子无拘无束地交流。

同时，妈妈更要学会倾听的技巧：

首先要知道一点：孩子是和你一样平等的人。朋友般的平等与尊重，是倾听的前提。虽然从血缘上，你是孩子的妈妈，但是从孩子降生的那一刻起，他就是一个独立的人了。所以妈妈不能用简单的方式解决、决定孩子的一切。否则孩子就会疏远你，他的心灵将会拒绝与你沟通。

其次，好妈妈要试着在生活中和孩子保持一种对等的关系，努力去做个擅长倾听的朋友。不要担心这样你会失去尊严，它不仅让你获得孩子的爱和信任，还会让你更了解孩子。

妈妈先知道

“倾听”是一种优秀的教育方式，因为倾听对孩子来说是妈妈表示尊重，表达关心的途径。它可以促使孩子去进一步认识自己和自己的能力。如果妈妈能让孩子通过倾听，感到他能自由地对任何事情发表自己的意见，而他的见解又没有受到妈妈的轻视和奚落，慢慢地就会促使他毫不迟疑、无所顾忌地发表自己的意见。孩子先是在家里与妈妈，然后在学校与老师同学，将来就可以在工作、社会中自信勇敢地正视和处理面对的各种问题。

第三节　你真的做到“知子莫若母”了吗

妈妈心态：我的孩子我怎能不了解呢！

孩子状态：每天被强迫做不喜欢做的事，最后一无所成。

兴趣对于任何一个孩子来说都是一种额外的喜好，只是大多数妈妈总是不自觉地把兴趣和孩子的前途紧紧地联系在一起。本来，兴趣是一件非常轻松的事情，但因为在简单的兴趣上寄托了太多的“希望”，反而使得孩子无法快乐、轻松地掌握自己的兴趣，而被妈妈的各种安排所左右。因为，不是发自内心的热爱，那么这个经过加工的兴趣也就失去了原本的意义。

俗话说，“知子莫若母”。为了让自己的孩子健康成长，将来有所作为，在孩子很小的时候，妈妈就要了解孩子的兴趣以及爱好，并给予孩子正确的引导。如果枉费心机让孩子去学习他们不感兴趣的东西，就如同要把果冻钉在墙上一样，几乎不可能，只会给孩子本应快乐的童年增添苦恼。

现在，许多望子成龙的妈妈动辄给孩子报名钢琴班、舞蹈班，无论自己的孩子是否对钢琴、舞蹈感兴趣，都给孩子报名。孩子宝贵的成长时间都用在自己根本不感兴趣的能力培养上，时间一天一天地过去，而孩子却依然没有入门。最后，孩子的潜能没有得到发挥，一事无成。

如果你打算让孩子学游泳，就要先带孩子看几次游泳比赛；希望孩子学画画，就要先带孩子看几次画展；如果要让孩子未来成为出色的钢琴家，就应先带孩子去听听音乐会，仔细观察孩子是否对这方面感兴趣。如果孩子明明没有这方面的兴趣爱好，妈妈却要强迫孩子去学习，这样做不但与孩子的兴趣南辕北辙，而且耽误了孩子宝贵的成长时光。

兴趣对于任何一个孩子来说都是一种额外的喜好，只是大多数妈妈总是不自觉地把兴趣和孩子的前途紧紧地联系在了一起。本来，兴趣是一件非常轻松的事情，却因为在简单的兴趣上寄托了太多无谓的“负担”，使得孩子无法快乐、轻松地掌握自己的兴趣，而被妈妈的各种安排所左右。不是发自内心的热爱，这个经过加工的兴趣自然也就失去了原本的意义。

许多妈妈错误地认为，自己又不是什么专家，怎么可能发现孩子具有什么样的才能呢。其实，许多真正有才能的人，都是在妈妈的悉心培养下成长的。即使，你的孩子没有成为佼佼者的天赋，如果坚持接受训练，依然会学到一定程度的专门知识和技术，长大成人后也是一种乐趣。

兴趣是走向成功最好的导师，孩子容易对身边的事物产生好奇、发生浓厚的兴趣，而这种兴趣很有可能是他终生成就的泉源。兴趣是孩子对某种事物进行进一步探索的欲望，只要有了探索的欲望，孩子就会从内心的深处去接受和认可喜欢的事物，才会乐此不疲。

晚饭的时候，妈妈问了小学一年级的晨晨：“我听说你们学校不少人都报名了特长班，你自己是怎么考虑的？”

“我，我还没有想好。”晨晨迟疑地回答。

“那你们学校都有什么特长班呢？”一旁的爸爸开口问。

晨晨把一张纸递给爸爸，“这上面有。”

爸爸接过纸和妈妈一起看，两个人一边看一边商量。晨晨不知道会有怎么样的决定，有些忐忑不安。

“这样吧，我和你爸爸商量了，你就报名美术班吧。”

“美术？”晨晨皱起眉，“可是，我不喜欢画画啊。”

“不喜欢不要紧，兴趣是可以培养的。妈妈上学的时候就很擅长画画，你也没有问题的。”

晨晨低下头，非常不情愿地说：“可是我真的对美术没有兴趣。”

“你对什么有兴趣啊？”妈妈厉声说。

面对妈妈的质问，晨晨不再说话了。

“既然你自己都不知道对什么有兴趣，就听妈妈的话去报名美术班吧。学校教不好的话，我们就在校外给你找更好的美术班教你。”爸爸说。

“你爸说得对，这件事就这么定了！”

爸爸妈妈的决定让晨晨没有反驳的余地，她只好心有不甘地接受了他们的强迫。

晨晨每天勉勉强强去美术班学习，但对美术却从来提不起兴趣来。

兴趣对孩子的成长有着帮助、推动和促进的作用，如果孩子对某件事物有了强烈的兴趣，他就会展开丰富的联想，全神贯注地云接触它、探求它，会热情地投入到这项活动中，最大限度地发挥自己的潜能，出色地完成它。如果一味强迫孩子，则毫无益处。上面晨晨的故事，就说明了这一点。

所以，妈妈们不应该限制孩子的兴趣，干涉孩子兴趣的发展，不要自作主张为孩子的兴趣过早定向。孩子的兴趣不是先天就有的，它受到家庭和周围环境的影响。因此，孩子兴趣的培养是一个逐步发展的过程。妈妈们最好让孩子自主地寻找自己的兴趣，并给予支持。

“乐乐，你最近是不是没有去书法班上课？”

面对妈妈的质问，乐乐低下头说：“是，我没有去上课。”

妈妈严肃地问：“为什么？”

“妈妈，要是我说了你不要生气，可不可以？”

“当然可以，只要你的理由是正当的。”妈妈认真地说。

乐乐犹豫了一下说：“是这样的，有一次我路过油画班，我觉得特别有意思就旁听了一节课，从此我就喜欢上油画了。其实，我对书法兴趣不大了。”

“原来是这样的，那你为什么不告诉妈妈呢？”妈妈的语气缓和了一些。

“我不敢说，因为我怕妈妈责备我。”

妈妈笑了：“傻孩子，兴趣是由你自己决定的，当初学书法是因为你喜欢，现在要是你喜欢学油画，那就报名油画班。”

“妈妈，那我可以学油画了？”

“可以，只要你告诉妈妈，这是不是你自己的决定。”

乐乐急忙点头说：“是我自己的决定。”

“既然是你的决定就好，你不要担心。妈妈只是担心你学什么都三心二意，因为兴趣首先是要你自己真正喜欢才可以培养的。”

生活需要兴趣所激发的创造性火花，而孩子需要兴趣迈出成功的第一步。如果你的孩子热爱计算机程序编辑，他可以努力成为下一个比尔·盖茨；如果你的孩子喜欢游泳，他可以立志成为孙杨；如果你的孩子从小就对金钱敏感，他可以学习理财，成为像犹太商人一样精明的企业家。妈妈们在给自己的孩子制订人生大目标的时候，要知道孩子的兴趣所在，扬长避短，那么走向成功的概率就会更高。

父母们都愿意为孩子进行智力投资，让孩子成材，可是单靠金钱是远远不够的。妈妈们要用心观察孩子，了解孩子，在孩子的自我表现中找到他的潜能所在，并准确、实时地将孩子的兴趣与潜能结合起来。妈妈花时间去欣赏孩子的能力与兴趣，会给孩子带来极大的信心和力量。而这种发自内心的兴趣会使孩子离成功越来越近。

妈妈先知道

兴趣是可以培养的，但是培养兴趣的前提是孩子喜欢。假如不喜欢，无论怎样培养都是没有用的。作为一个好妈妈，要明白兴趣是可以“三心二意”“变来变去”的。只有让孩子通过不同的体验，孩子才可能找到自己真正的兴趣所在。也许第三次甚至第四次选择都不一定准确，但是妈妈依然应该给予孩子一个重新选择兴趣的机会。其实，选择多少次兴趣并不重要，重要的是找到真正适合孩子的兴趣。

第四节 千万别摆架子，沟通比什么都重要

妈妈心态：天天跟孩子说话，还不算沟通吗？

孩子状态：妈妈根本不想知道我要的是什么，何必跟她说呢！

在教育孩子的众多方法中，最重要的就是沟通。建立良好的母子沟通是妈妈引导孩子健康成长的前提。妈妈要从关心孩子出发，有爱心、有耐心地与孩子多沟通，做孩子的知心朋友。只有这样，才能使孩子的烦恼得到疏散，使孩子每天都有个好心情，在有益的环境下健康成长。

一个称职的妈妈应该多创造和孩子沟通的机会。比如在茶余饭后，牵着自己的孩子一起散步，在散步的过程中，亲子之间可以随意地进行各种交谈，或谈谈历史，或聊聊新闻，或说说生活中的趣事……这是一种轻松并且有效的沟通方式，妈妈可以在交谈中引导孩子。

在轻松愉快的交谈中，妈妈可以了解孩子的学习情况，学习中是否遇到困难，以及对问题的看法和思想动态等。掌握了这些情况后，妈妈就对孩子的教育和帮助尽在运筹帷幄之中，进而使孩子在学习和生活中保持舒畅的心情。很多妈妈在孩子面前总是有意无意地摆出一副大人的架子，她们总是觉得，只有这样才能在孩子面前树立起威信，却不知这样做也会疏远妈妈与孩

子的距离。对于孩子来说，妈妈本应是最亲近的人，如果妈妈刻意摆出一副高高在上的样子，只会让孩子产生距离感，不可能和妈妈进行很好的沟通。试问，这种情况下，妈妈又怎能准确地了解孩子的心理，帮助孩子成长呢？

小栗原的爸爸对儿子说："去，帮爸爸倒一杯水来，再把爸爸的拖鞋拿来。"

"爸爸，你就不能好好说话？"儿子边抱怨，边把东西拿了过来。

"你还嫌爸爸说话不好？我可是你爸爸！"爸爸不满地说，"小孩子哪里来的这么多的事？"

小栗原反驳道："爸爸怎么了？爸爸更应该注意说话的态度。"

"你说说最近的情况，在学校学习怎么样？"

"该说的我都跟妈妈说了。"儿子不情愿地说。

爸爸立刻叫住儿子："等等，为什么只能跟妈妈说，不能跟我说？我可是你爸爸！"

"你太喜欢摆架子了！我不愿意和你说。"

"你这话是什么意思？我怎么摆架子了？"

"你在家里，无论是对我还是对妈妈说话的时候总是呼来喝去的，一点都不尊重别人，也不把我们看作是你的家人，动不动就说'我是一家之主'，有做错的地方也从不肯改正，所以我不愿意和你说话。"

"臭小子！敢这样和你爸爸说话！"儿子的话惹怒了爸爸。

"你看！就是这样，让我怎么和你说话？"说完，儿子头也不回地进了自己的房间。

毫无疑问，小栗原爸爸的这种态度是不可能与自己的儿子进行有效沟通的。长此下去，或许父子之间的感情会产生更大的危机。这都是因为"架子"

惹的祸！其实，好多妈妈也在犯着这样的错误。有的妈妈认为，给孩子过大的压力是一种沉重的精神负担，容易引起孩子的心理障碍。有的妈妈则认为，就应该给孩子一些压力，因为“人无压力轻飘飘，井无压力不出油”。越是学习成绩好的孩子，就越是一定压力的结果。考试成绩、排名都是为了刺激孩子的上进心，这些压力会迫使他们从小树立起远大的抱负，向更高的目标前进。可是实际情况怎样呢?

有些时候给孩子太大的压力往往会事与愿违，而一点压力也不给孩子又有些放任自流。产生这些情况的原因，就是妈妈没有很好地与自己的孩子进行有效的沟通。妈妈们不知道孩子喜欢什么，不喜欢什么，哪些方面差，哪些方面好，进而导致大多数的妈妈看病乱投医。

在没有进行有效沟通的前提下，妈妈不要给孩子制订一些不切实际的奋斗目标，也不要给孩子太多的约束。如果不顾孩子的自身实际情况，只一味地让孩子向一些遥不可及的目标前进、努力，最后一定会适得其反。

舒克已经上小学了。

一天，老师找到他的妈妈，说舒克最近总是迟到。但是妈妈没有责备儿子，只是温柔地问他迟到的原因是什么。

舒克说他在河边看日出，看着看着就忘记上课的时间。

第二天，妈妈一早就跟舒克去河边看了日出。

她说：“真是太美了！儿子，你真棒。”

这一天，舒克没有迟到。

晚上，妈妈在舒克的书桌旁放了一个漂亮的小闹钟，同时还放了一张纸条。纸条上面写着：因为日出太美了，所以你更要珍惜时间和学习的机会。爱你的妈妈。

妈妈们不要因为孩子年龄小，就认为孩子什么都不懂，什么不告诉孩子。这样会影响孩子对妈妈的信赖感。如果妈妈真的爱自己的孩子，就该和他坦诚地沟通。通过和孩子的沟通，妈妈可以深切地体会孩子在想什么，对孩子的健康成长才能做到了然于胸。

孩子是家庭的成员之一，妈妈一定要注意不要把孩子排斥在外。不要总是认为孩子太小，什么也不懂，就忽略孩子的意见。当然，生活当中一些与孩子没有关系的事情可以不让他知道，但是涉及与孩子有关的问题时，要给予孩子表达意见的机会，尤其是做出涉及孩子某项决定的时候。不管他的年龄大小，他都有权知道与自己有关的事情。在这样的沟通中，自然就营造了良好的家庭氛围。哪怕孩子处于婴儿时期，在讨论事情的时候，也可以让孩子在一旁，尽管只是个形式，但是也很重要。对于具有一定思维的孩子，就更加不能淡化他在家庭中的地位，尽量让他参与每一次的沟通环节。

经常有这样的情况：妈妈不愿和孩子沟通心事，认为孩子太小；也有的妈妈觉得自己太忙，没有时间和孩子多交流。这样做，只能影响孩子和自己的感情，还会错失了解孩子内心世界的机会，减少孩子对妈妈的关心。冷漠只能换来冷漠，热心才能换来热心。可见，和孩子进行积极地沟通，不仅能够表示对孩子的关心，更重要的是它表达了妈妈对孩子的尊重。妈妈和孩子之间的沟通更重要的是心灵上的沟通，这样的沟通对教育孩子非常重要。首先，妈妈和孩子经常沟通，家庭成员之间的关系必定会更加和谐和亲密。在这样的氛围中，教育孩子的环境也得到优化，变成一种更加积极、更加健康的教育氛围。其次，妈妈经常主动地和孩子沟通，对妈妈了解孩子的情况，实时有效地进行指导，有针对性地对孩子进行教育奠定了基础。

最后，妈妈通过和孩子的沟通，可以直接地了解孩子对事物的看法，帮助孩子树立正确的人生价值观，同时避免孩子产生不良的行为。

如果不能很好地与孩子进行沟通，妈妈即便掌握再多教育孩子的方法和技巧也是没有用武之地的。相反，如果妈妈能在孩子面前不摆架子，融入孩子的生活当中，试着去了解孩子的内心世界，那么和孩子之间的沟通就能很好地进行，很多问题也能得到解决。

孩子有属于自己的喜怒哀乐，一般来说，他们都喜欢提问，喜欢玩游戏，喜欢听故事，喜欢到室外活动。如果妈妈不了解孩子的这些童心，总是以一个教育家的姿态出现在孩子面前，根本就无法与孩子进行有效的沟通。当孩子向你提问过多，你或许就厌烦了；孩子喜欢和自己的小伙伴们一起玩，你却把他整天关在屋子里；孩子课余时间想玩玩游戏，你却狠心地剥夺了他玩耍的权利。你扮演的是让孩子做作业、看书，甚至节日也待在家里学习的“恶妈妈”角色。如果这样的相处方式不能得到改善，就会在孩子的心灵上烙下“妈妈不亲近自己”的烙印。隔阂一旦产生了，再多的沟通也没有用了。相反，如果妈妈能有一颗童心，注意和孩子在心理上的沟通，就可以对孩子施加影响，进而让孩子在以后的道路上，迈出更稳定的步子。

妈妈先知道

如果妈妈敞开心扉与孩子沟通，那么孩子也会像关心自己的事情一样关心妈妈的事情。孩子会从妈妈与自己的亲切交流中感受到慈爱，感受到被人认可的幸福。如同找到了一个随时可以商量任何事情的朋友，对生活充满乐观与自信。

第五节 试着和自己的孩子做朋友

妈妈心态：我的孩子当然要听我的！

孩子状态：得不到尊重，和妈妈的距离越来越远。

孩子年幼无知，对生活缺乏经验，没有能力处理自己的生活，必然需要妈妈的保护。但这并不等于妈妈可以事事为孩子做决定，将自己的想法等同于孩子的想法。因此，妈妈要在适当的时候给孩子一些成长的空间，这样，孩子才不会疏远妈妈，更不会觉得自己很失败。

要锻炼孩子对自己生活做决定的能力，为孩子提供一个平等相处的家庭氛围，就要尊重孩子，同时必须注意和孩子的沟通，试着和孩子以朋友的身份交流。有专家指出："两代人之间的沟通多多益善。"可以尝试用与朋友交流的方式代替命令式的提问。

例如："孩子，你觉得什么样的裙子穿在自己身上好看？"这样的形式可以引起互相讨论，进而知道孩子的喜好。而不是对孩子说："今天你就穿这条小花裙吧。"便终止了和孩子之间的交流，这样的做法会令孩子反感。

比如，牛奶打翻了，妈妈就不要过多责备孩子，而是要示意让他自己擦掉，千万不要小事化大，甚至对孩子说："以后这样的事情不用你做了。"如果因小事惩戒孩子，就会破坏与孩子的亲密关系。

有些家长在家庭教育中渐入困境：为什么平时事事为孩子决定，到头来却没有好的结果？

有个小女孩，写了一篇题为《给我为自己做主的机会》的文章，文章这样叙述道：

今年我已经11岁了，妈妈却把我看成是1岁的婴儿，什么都要她为我决定。不论在学习上还是在生活上，从不考虑我是否喜欢，她总是将关于我的一切都安排得好好的。我有时说，也许另一种选择更适合我。妈妈却说："妈妈所做的一切都是为了你好，你还小，很多事都不懂。"

妈妈总希望看到我漂亮整洁的样子，她给我买了很多衣服，但是很多都是我不喜欢的蓝色。我曾经向妈妈提出建议，妈妈说："我给你选的可是现在最流行的，你只管穿就是了。"我真感到委屈。

我当然知道这是妈妈爱我的表现，可是眼看小学就要毕业了，我自己的事情依旧是妈妈为我做主。什么时候我才能有自己做主的机会呢？

在很多妈妈看来，现在的孩子已经十分幸福了。他们什么都不用愁，妈妈什么都已经做好决定，其他亲朋的关怀也无微不至，可以说从物质到精神丰富多彩，唯一剩下的就是一门心思地学习了。

而现实情况并非如此，曾有研究者对小学高年级和中学低年级学生进行了这样的调查，其中"喜欢和妈妈长时间待在一起"的只有45%；而在回答"心情郁闷向谁倾诉"时，有60%的孩子选择"好友或同学"；尤其令人关注的是，因家长为自己做决定而感到"很幸福"的只有25%；当在回答对家长最大的企盼时，有75%的孩子希望时常能有机会和家长像朋友般平等的"谈话"，以加强亲子之间的了解和情感的沟通。

心理学研究表明，情感是人们的愿望是否得到满足所表现出来的一种情绪。现在的孩子心智发育较快，他们并不认同妈妈事事为自己做决定的做法，甚至对这样的关爱反感。他们更加渴望在互相尊重的基础上，平等地进行情感上的沟通以满足较高层次的精神需要。

我们在生活中经常会看到这样的场景：妈妈抱着孩子向友人展示，自己春风得意，可是孩子却不高兴，因为他可能并不喜欢这样的场合，而妈妈却凭空安排了自己的生活；当妈妈认为饭后应该出去散步的时候，不管孩子此时正在做什么，都会打断孩子的活动，一点也不顾及孩子的感受，拉着孩子和自己一块散步。

这些行为都是妈妈的错误心态所致，认为孩子的一切都由自己说了算，关键是，妈妈并没有意识到自己的心态是错误的。妈妈有意无意地闯进孩子生活的环境中，安排他们的生活，并且完全忽略了相互沟通的环节，直接进行操纵，这在根本上说，是对孩子的不尊重。得不到妈妈重视的孩子，会感觉自己很软弱无力，因为没有选择的权利，久而久之就会使孩子变得沮丧，进而压抑了孩子行动的欲望。

这种被妈妈操纵生活的状态，在孩子心中笼罩上了一层乌云。在妈妈每一次为自己做主的时候，都会觉得自己无能，进而对妈妈产生了冷漠和恐惧的心理。

妈妈要时刻关注自己的行为，不要因为对孩子的过分关心而干扰孩子的生活。事事为孩子做决定，并不是真正关心孩子的表现，而是置孩子的想法于不顾，是一种自私的表现。不可否认，妈妈对孩子有照顾的责任，但这并不等于可以事事为孩子做决定，将自己的想法等同于孩子的想法。只有在适当的时候给孩子一些成长的空间，孩子才不会疏远妈妈，更不会觉得自己很失败。

很多有主见、心智发展良好、较同龄人成熟的孩子，他们成长的共同点都是拥有平等的家庭氛围。在家里，他们虽然是年龄最小的，但是妈妈却为他提供独立的地位，可以对涉及自己的问题甚至家庭的问题发表自己的看法。而这样的妈妈也非常注重为他们的成长营造平等的氛围，即使孩子很小，对很多问题不能形成正确的判断，妈妈还是让孩子发表意见，让他有机会表达自己的想法。如此一来，妈妈才算是深谙教育孩子的真谛。

在家庭中，妈妈一旦改掉了什么事都为孩子做主的习惯，就能获得比金钱更有价值的财富——一个有主见、人格健全的孩子和良好的家庭氛围。

妈妈先知道

一种良好的教育方式，是鼓励妈妈尊重孩子的想法，为孩子提供发表意见的机会，并为他们的意见进行分析，让孩子成为一个独立、有主见的个体。这样的做法不仅仅是支持孩子的一个决定，同时也是向孩子传达了一种积极的信息：你人生发展的方向完全掌握在自己的手中，只要你的决定是经过思考并且是合理的，都能获得妈妈的支持。

第六节　不要什么事都为孩子代劳

妈妈心态：别担心，孩子，什么事都有妈妈呢！

孩子状态：失去勇气与梦想。

孩子的成长是一个循序渐进的过程，妈妈要根据孩子的自身特点，在不同的年龄阶段，给他创造处理不同问题的机会，使孩子了解自己的能力，清楚自己的职责，逐步养成独立做事的好习惯。否则，孩子长大后，往往会惧怕困难，难以获得成功。

有些妈妈总会以为自己爱孩子，就应该什么事都帮助孩子完成，不需要孩子操任何的心。不仅把孩子的生活打理得妥帖，孩子遇到的问题，也总是主动替孩子承担。有时候，妈妈往往没有了解事情的来龙去脉，就着急地替孩子做了决定，结果使事情变得更加糟糕。

孩子有属于自己的世界和空间，在他遇到问题的时候，并不全是期盼获得妈妈的帮助和干预。比如，孩子和自己的朋友发生矛盾，以及要完成老师出的课外作业。这些问题对于孩子来说，都是自己可以解决的，此时妈妈就不要再为孩子操心了。

有些妈妈显然缺乏耐性。比如，孩子在家里要完成一件老师布置的手工作业，完成一件模型。这些细致的手工，孩子做起来显得很笨拙，或者整个过程都是慢条斯理的。这时候，心急的妈妈就看不过去，赶紧帮助孩子完成。孩子没有着急，妈妈着什么急呢？如果孩子遇到自己无法解决的问题，自然会请求妈妈给予帮助。再进一步说，孩子就是孩子，做事动作慢些，效率低些，这都是情有可原的，不要凡事对孩子要求过高了。

还有的妈妈总是觉得孩子还小，所以事事为孩子操心，为了心疼孩子，甘愿为孩子做完所有的事情。

佳佳的依赖性非常强，小的时候总是向妈妈撒娇，时时刻刻让妈妈抱着，长大一点的时候又要让妈妈背着，上厕所要妈妈跟着。上了小学以后，生活中的很多事情都不会自己做，甚至连最基本的刷牙、洗脸、洗澡、穿衣等生活基本行为都不能自理，凡事依赖妈妈，好像离开了妈妈，自己就不知道该怎么办了。

佳佳这样的情况，就是过分依赖妈妈的表现。一旦孩子养成了凡事依赖妈妈的坏习惯，将来就难以自己面对生活，总给自己“没事，我有妈妈呢”这样的借口，总是等待着妈妈的安排和帮助，久而久之就变成了一个无所作为的人了。对于孩子这样的依赖性，做妈妈的要有清醒的认识，早日培养孩子的自理能力，避免孩子养成这样的坏习惯。

张女士当妈妈许多年了，别人提及她上初中的儿子总是赞不绝口，但是她自认为，在孩子的成长过程当中，自己其实没有费太大的心，因为很多的事情都是孩子自己在处理。在儿子很小的时候，她就很少主动为儿子承担什么。孩子摔跤的时候，她总是不慌不忙地说：“自己爬起来。”

孩子在玩拼图游戏的时候，怎么拼也完成不了，她在一边对孩子稍加指点，然后告诉孩子：“妈妈可不能什么事情都帮你哦，你应该是可以自己拼好的。”她认为孩子能够独立完成的事情，从不主动给予孩子帮助。

有一天，孩子放学回家对她说：“妈妈，春天到了，我们班上要举办春游野炊活动，可是经费得自己想想办法，不能向家里要。可是我到哪去赚那么多钱呢？”作为妈妈，张女士说：“自己的事情可是要自己解决。妈妈给你一个建议，要靠自己的能力赚钱。”后来，她的儿子就和几个同学约好了，替报社卖报纸，辛苦了整整一个周末，赚到了野炊的经费。就这样，孩子被慢慢教育出来了，遇到问题首先不再是找父母解决，而是自己想办法解决，实在解决不了，才请求妈妈帮忙。

事实证明，孩子可以在自己力所能及的范围内解决很多问题。张女士的教育方式非常值得每位妈妈借鉴：给予孩子一定的自由度，适当的时候放手，培养孩子独立自主的能力。

同时，妈妈应该对自己的孩子有充分的认识，尤其是孩子的能力，了解他可以做什么。当你意识到孩子完全能够应付自己所遇到的问题时，就让他自己去解决。妈妈可以是顾问，可以是军师，但最好只是袖手旁观。在孩子独立处理问题的过程当中，要做出判断，决定行动。医为独立的能力不是一朝一夕可以培养出来的，需要经过不断的累积，不断总结经验、不断锻炼。在孩子不断成长的过程当中，也要培养自己分析孩子各方面素质的能力，在实际中，给予孩子实时的、合理的教育。

对孩子说：“这个问题你可以自己解决。”而不是，“什么事情都有妈妈的，别担心，孩子。”告诉孩子问题可以自行解决的过程，就是在告诉他，自己的事情可以自己处理，不能总是依赖妈妈；而告诉孩子，要对自己所做的事情承担相应的责任，让孩子明白这些，对于孩子将来的能力非常的重要。

孩子：“妈妈，我衣服上可爱的熊熊扣子掉了。”

妈妈：“那么可爱的熊熊扣子，可是你自己的呀，它希望你自己将它缝上，那么，以后它就会听你的话，不会再掉了。”

孩子：“妈妈，可是我不会啊！”

妈妈：“妈妈教你怎么缝，然后你自己尝试将它缝上，好吗？”

这样的妈妈绝对是个聪明的妈妈。因为她完全尽到了一个妈妈的责任。当孩子遇到问题的时候，一方面给予孩子适当的提示；另一方面，给予孩子自己解决问题、锻炼能力的机会。妈妈在一边指导孩子做事的方法和技巧，关键的执行环节，必须让孩子自行完成。在这种情况下，孩子才能学习到真正的本事。

孩子的成长是一个循序渐进的过程，妈妈要根据自己孩子的年龄特点，在不同的年龄阶段，给自己孩子处理不同问题的机会，使孩子了解自己的能力，清楚自己的职责，逐步养成独立做事的好习惯。

比如，在孩子小的时候，可以要求孩子洗菜或者洗自己的小手帕；等长大一些上小学的时候，可以要求孩子扫地、擦玻璃……到初中的时候，可以要求孩子洗衣服、买菜、做饭、整理自己的房间……在这期间，妈妈要在孩子相应的年龄阶段里认清自己的职责。

如果孩子自愿为妈妈分担，想帮妈妈的忙，此时妈妈一定不能拒绝，要积极主动地鼓励并指导孩子应该怎么做。不要总是认为孩子还小，不但做不了还总出差错，就不让孩子动手了。这种错误的思维所产生的结果是：一方面影响了孩子的能力；另一方面打击了孩子的积极性，孩子将来也许就没有兴趣主动做事情了。因此，对于孩子积极主动想做的事情，妈妈应该特别地加以鼓励和赞扬。如果孩子做对了，妈妈就要给予表扬和鼓励，那么在孩子的心里，就会形成一种想法：只要自己这样做了，就能够得到妈妈的鼓励了。

妈妈先知道

培养孩子独立处理问题的良好习惯，必须从小培养起，给孩子完成生活中每一件小事的机会。在孩子独立完成一个任务的时候，妈妈要提示孩子，做事应该有头有尾，不能马虎对待。在这个过程中，妈妈还要做到耐心细致，切忌急躁，给孩子足够的空间。只要妈妈能够持之以恒，孩子良好的习惯就一定能够培养起来。

第七节　用你的爱浇灌出一个充满爱心的孩子

妈妈心态：不要多管闲事，不要瞎操心！

孩子状态：对人冷漠，对爱冷漠。

人们常说有什么样的父母就有什么样的孩子。的确，父母是孩子的第一位老师，父母的人生观、价值观会对孩子产生巨大的影响。一个缺少爱心，对身边的一切事物都冷漠视之的妈妈肯定教育不出一个充满爱心，关心朋友、同学、群体的好孩子。

爱是人类最伟大的力量，它可以化解世上所有仇恨，一个心中充满爱心的人肯定是一个品格高尚的人。妈妈对孩子的爱是孩子成为一个充满爱心的人的最大动力，也是培养孩子高尚人格的温床。因此，如果想让自己的孩子成为有爱心的人，妈妈自己要先学会如何爱家人、爱孩子、爱周围所有的人。

李洁是一个性格古怪，不怎么合群的人，而且她还有一个最大的缺点就是待人极其冷漠，毫无同情心。俗话说："物以类聚，人以群分。"李洁的丈夫在这点上也比她强不了多少，也是个没什么爱心的人。夫妻二人回到家中经常谈论工作公司里发生的事情，对如何为人处事这方面，他们给予对方最多的建议就是少管和自己没关系的闲事、同情心不值钱。

夫妻二人聊天的时候总是不避讳女儿，还经常在女儿面前谈论一些诸如某某有多蠢又爱心泛滥给了乞丐几块钱；公司哪个同事又请病假了，一定是在装病等等事情。他们谈论得兴高采烈，都对各自的“无情”大加赞扬，却没有意识到他们对待周围事物的冷漠态度已经在女儿的心中深深地扎下了根，对她产生了很大的影响。

有一次，学校举行向灾区小朋友献爱心的活动。同学们都纷纷捐出自己的零用钱、文具、衣服、生活用品……可是李洁的女儿丝毫没有反应，因为她觉得灾区小朋友生活得如何跟她没什么关系，她不想把自己漂亮的衣服、文具、零用钱捐给他们，她要留着自己用。

活动快要结束了，班主任在整理同学们捐赠的物品并登记时，发现班里只有李洁的女儿没有捐赠任何东西。班主任想到这位同学的家长都在不错的公司工作，家庭条件也比较好，难道是家里出了什么事情？出于对学生的关心，班主任把李洁的女儿叫到办公室，询问她没有捐赠的原因，没想到这个学生的答案完全出乎班主任老师的预料，让老师跌破眼镜。

她说：“我不想捐东西给他们，他们的生活和我无关，我不想管别人的闲事！”老师问李洁的女儿说：“你怎么会这么想呢？是谁教你的？”“我爸妈都这么说呀！他们说同情心是没用和愚蠢的。”李洁的女儿理直气壮地说。

老师对这样的孩子既感到失望又感到惊讶，她认为自己有义务找李洁谈谈。可是不谈还好，这一次谈话让老师彻底绝望了。你知道李洁的妈妈是怎么答复老师的吗？她说：“我认为您的行为有点过分，孩子捐不捐东西是她的自由选择，您这么做是在强迫她，干涉她的自由。我支持我女儿的做法！”

这样的妈妈简直是太可怕了，不但不反省还对女儿的做法表示赞同，我们不得不为她女儿的成长捏一把冷汗，真不知道日后她会成为一个怎样的人。

教育机构曾对100名小学生做过这样一项调查，题目是把下一问句补充完整：

“自习课上，同桌的李亮同学趴在了桌子上，我____”

“爸爸出差回来了，娜娜她____”

“邻居家最大的困难____”

“妈妈失业在家了，我____”

调查结果是：第一题，仅有20%的小学生写道：“自习课上，同桌的李亮同学趴在了桌子上，我觉得他可能是生病了，应该快点问问他。”

第二题，仅有10%的小学生写道：“爸爸出差回来了，娜娜她接过爸爸的公文包，问爸爸累不累。”

第三题，仅有10%的小学生能说出邻居最大的困难，大多数的孩子写道：“邻居家最大的困难我不知道。”

第四题，只有12%的孩子写道：“妈妈失业在家了，我应该好好学习，多关心妈妈。”

虽然这100个孩子不能代表所有孩子的想法，也不能绝对地说现在的孩子们都没爱心，但是我们还是可以看出“冷漠”已经在孩子们的生活中出现。如果我们不及早地把这种自私的观念消灭在萌芽之中，后果是不堪设想的，毕竟孩子们是未来的希望。

妈妈应该怎么做才能使孩子成为一个充满爱心的人呢？以下这些建议可能会帮助你：

1. 妈妈要有培养孩子爱心的希望

希望的力量是巨大的，妈妈如果希望自己的孩子长大后能有所作为，就要竭尽全力地为孩子的成长创造有利的条件并适当地激励他。孩子也会逐渐感受到妈妈的希望，努力学习，久而久之，妈妈的希望就变成了现实。对爱心的培养也是同样的道理。妈妈应该希望自己的孩子成为一个内心充满爱的人，而不仅仅是做一个有才华的人。

2. 妈妈要从自身做起

要想使孩子成为有爱心的人，妈妈首先必须成为有爱心的人。所有的妈妈都应该有社会责任感，都应该孝顺父母，关心父母。很多妈妈无论在孩子身上花多少钱和时间都不觉得心疼，但对父母却非常吝啬。这无形中会影响到孩子，他既然看在眼里，就不能保证他将来不学你们。家庭环境对孩子的成长非常重要，所以夫妻关系要和睦，相互关心。此外，妈妈还要善待身边的每一个人，每一件事物，时刻用爱心包围着孩子。

3. 妈妈要在乎孩子的感受

只把孩子的吃喝拉撒睡照顾好的妈妈，不是真正称职的妈妈，真正称职的妈妈不仅要在生活上照顾孩子，更要在心理上关心他们，在乎他们的感受。当孩子和你兴致勃勃地说话时，你是否认真地倾听？在别人面前你是否毫不留情地数落孩子的弱点或缺点？你是否经常拿自己的孩子与别人的孩子做比较？你是否经常夸奖别人的孩子却贬低自己的孩子？你是否偷看过孩子的日记和信件？你是否肯花时间陪你的孩子？你是否真正了解孩子的内心渴望？你是否经常干涉孩子的交友自由？妈妈想把孩子教育好就要先了解孩子的心态，要先和孩子做朋友，从孩子的角度思考问题，真正在乎孩子的感受。

4. 妈妈不要用爱跟孩子做交易

当孩子没有按照妈妈的指示做事情的时候，很多妈妈习惯威胁孩子。这种威胁往往适得其反，会使孩子产生恐惧、不安和叛逆心理。妈妈的威胁方法是不能够培养孩子的爱心的，只有不附加任何条件地爱孩子，孩子才能真切体会到你的爱，才能明白自己存在的价值为何。妈妈对孩子的爱绝不能让孩子产生巨大的压力，孩子在没有压力的环境中，才能用良好的情绪来对待生活和学习，才能健康成长和发展。

5. 妈妈要多分给孩子一些时间

感情的培养需要时间，虽然妈妈与孩子的感情无法被时间割断，但是妈妈还是应该多分一些时间给孩子，不要总是想着工作、赚钱。妈妈的工作就算再忙，也要抽出一定的时间和孩子在一起吃饭、玩耍、锻炼或者学习。妈妈与孩子在一起的时间既是妈妈了解孩子的过程，也是最适合教育孩子的时机。比如，当你与孩子郊游时你就可以教育他要热爱大自然，爱护花草树木和动物。妈妈一定要记住，当你与孩子交流时一定要全身心投入，并且要与他“平起平坐”。

6. 妈妈要鼓励孩子对他人表达爱心

爱心不应该只停留在思想和感情上，更应该落实到具体的行动中。妈妈不仅要鼓励孩子在心中充满爱，更要鼓励孩子在日常生活和学习中以行动帮助他人。

妈妈先知道

环境对于孩子的成长发挥至关重要的作用，在爱的氛围中长大的孩子内心是健康、阳光的，他不仅从父母那里得到了应有的爱，也学会了如何去爱别人。作为妈妈，谁都不想看到自己的孩子充满了冷漠，对周围的事物冷酷无情、麻木不仁。所以，妈妈要用自己的爱心去拥抱孩子，用自己的同情心影响和感化孩子，使孩子成为一个内心充满爱的人。

第三章

引导你的小天使，做孩子成长的领航员

第一节　恰当的赞美帮助孩子成长

妈妈心态：做这么点小事，应该的！

孩子状态：永远得不到夸奖，事事与妈妈作对！

娇艳的花朵需要阳光的赞美，茁壮的禾苗需要雨露的赞美，成长的孩子需要妈妈的赞美。对赞美的渴求是人的本性，并深深地根植于每个人的灵魂深处。马克•吐温曾说过："一句精彩的赞美可以做我十天的口粮。"懂得赞美孩子的妈妈是世界上最聪明的妈妈，让孩子在赞美声中快乐地成长，走向成功，那将是一件非常幸福的事！

孩子在成长过程中，最重要的是培养他们的自信心；有了自信，可以促使孩子克服困难，努力进取，获得积极快乐的人生。有些妈妈最大的错误，莫过于采取以打击代替赞美的方式对待孩子。作为妈妈，应该知道爱护和信任对孩子的成长和成功是有莫大帮助的。因此，妈妈对孩子的赞美应该是慷慨大度的。赞美是妈妈对孩子表达爱意的一种方式，赞美的话可以鼓励孩子，让他们觉得自己备受尊重。

萨奇是个非常调皮的孩子，总是不爱听妈妈的话，专门和妈妈作对。妈妈说东，他偏要往西，妈妈骂过他，也打过他，可是各种方法都无济于事。后来，妈妈觉得硬的不行，就打算来软的。

一天，萨奇回到家就去看电视，妈妈让他乖乖地去做作业，可是他偏不去。如果是平时，妈妈早就训斥他了，但是今天没有，妈妈站在萨奇的身边，亲切地对他说："宝贝，你是一个特别听话的孩子，妈妈很喜欢你，先做完作业再看电视好吗？"

妈妈用这种口气让萨奇去做功课还是第一次，萨奇虽然心里有些不太想做作业，但看妈妈这么夸自己，还是走进自己的房间去做作业了。

等萨奇做完作业，妈妈继续给予赞美："宝贝，你真乖，很听妈妈的话！"

"妈妈不是成天骂我不听话吗？"

"你是个乖孩子，妈妈以后再也不骂你了！"

"好！一言为定！"

从此以后，萨奇的妈妈总是恰到好处地说些好听的话来赞美儿子，萨奇听了妈妈的话，心里好像吃了蜜一样，甜滋滋的，妈妈让他做什么，他也不再叛逆了。

上述案例中，妈妈对孩子必要的赞美，给孩子一种发自内心的满足感与幸福感。世界上没有人不渴望得到别人的赞美，孩子更渴望得到妈妈的赞美。当孩子的好行为和好习惯得到妈妈的称赞时，孩子会产生一种愉快的情绪，能让孩子充分肯定自己、尊重自己，进而完善更加完美的人格。我想，每位妈妈都愿意让孩子享受这种感觉吧！

妈妈在语言赞美的同时，如果再加以动作辅助，更容易使孩子感动。当孩子的行为得到妈妈不断地赞美时，孩子会对自己所做的事越来越自信，越来越愿意去尝试和探索，因此就会有更多的成功机会。

在妈妈的潜意识里，表扬孩子，是能使孩子获得快乐的，可以建立他的信心，也能使孩子在赞美中变得更加听话。但事实真是这样的吗？

没错，我们提倡在生活中每天能赞美孩子“一分钟”，但是，又有多少妈妈能注意赞美孩子的正确方法呢？对于孩子，并非事事都要赞扬，也不是赞美得越多越好。在过多的赞美中，如果赞美不当了，便会使孩子产生紧张的情绪。

榭莉6岁了，从来没有试着收拾过自己的床，妈妈很担心：“这孩子，将来自理能力一定会很差！”

有一次，榭莉把毯子掉在了地上，就下意识地捡起来把它铺好，妈妈看见榭莉的这一举动，觉得时机来了，就上前摸着她的头，赞扬道：“你做得很好，孩子，毯子铺得很整齐。”得到妈妈的赞美，榭莉很高兴。

第二天，榭莉比以往早起了10分钟，不但把被子铺好了，还整理了床和枕头。妈妈走进榭莉的房间，看到女儿的床与以往不同，特别高兴，在榭莉额头上轻轻地亲了亲，称赞说：“宝贝，你是世界上最乖的孩子，妈妈爱你！”

妈妈俯身找鞋子给榭莉穿，可是怎么也找不到，便问：“榭莉，你的鞋子呢？”

榭莉把两只脚伸出来，高兴地说：“妈妈，我已经穿上了！”

妈妈一看，原来榭莉把鞋子穿反了，但妈妈还是忍住笑，对女儿说：“很好，宝贝，你像大人一样懂得自己穿鞋子了。”

榭莉低下头看着自己的鞋子，她发现自己把鞋穿反了，便不解地问：“妈妈，我把鞋子穿反了你怎么还夸奖我呢？”

“你表现得很不错了，慢慢来，让妈妈告诉你怎样穿鞋子吧！”妈妈一边给女儿穿鞋，一边告诉她哪只是右脚的，哪只是左脚的，该怎么穿。

第三天，榭莉仍然早早地就起床了，把自己的床收拾得更加整齐，而且鞋子也穿对了，妈妈满意地拍拍她的小脑袋说："女儿，你真的长大了！妈妈越来越喜欢你了！"

慢慢地，妈妈发现榭莉在自己的不断赞美下，一天比一天做得好，她的房间也越来越干净了。

上述案例中，妈妈对榭莉的赞美就是一个循序渐进的过程，但是，其中不乏让榭莉对赞美产生怀疑的地方。比如，当榭莉发现自己的鞋子穿反而妈妈仍然表扬她的时候，她会觉得心目中的自己也许不是那么乖的，这样夸她对她来说反而是一种压力，幸好她没有对妈妈的赞美反感。

心理学家 H. C. 吉诺特通过研究发现，"幼儿受到过分表扬，觉得自己不值得表扬的时候，反而感到不安。"因此，赞美孩子的时候一定要注意原则。作为妈妈，千万不能以为孩子就是好哄骗的，家长的话中几分真假，孩子心里是有数的。赞美太过了，孩子会觉得家长没有诚心，是一种敷衍的态度。时间长了，孩子可能就不把这些赞美的话放在眼里了，也会对妈妈产生心理上的反感和排斥。只有真诚地给予孩子赞美，母子之间的欢乐和幸福才会时时围绕着你。妈妈们要记住，孩子需要的是贴切而不是夸张的赞美，是真诚而不是虚伪的赞美。

另外，过分的赞扬会显得很抽象，孩子听了，也不一定能真正理解自己所得到的肯定。所以，有时候会出现适得其反的情况：当妈妈诚心诚意表扬孩子的时候，孩子又恢复了原来的样子，不听话、故意弄些恶作剧等；或者对妈妈的表扬，他不再理会了。

作为妈妈，在明白赞美孩子是一种表达爱的方式的司时，还必须明白：

赞美就跟青霉素一样，不是拿起来随便就能用的。必须遵守使用的量和度，还有时间，并注意可能产生的过敏性反应。这里还有一个重要原则就是，赞美孩子应该依据客观的事实，侧重对能力上的赞美，而不能涉及孩子个人品格。如案例一中妈妈说的话“宝贝，你是个特别听话的孩子，妈妈很喜欢你，先做完作业再看电视好吗？”和案例二中的：“你做得很好，孩子，毯子铺得很整齐”，这样的话就足够。而像案例二中的“宝贝，你是世界上最乖的孩子，妈妈爱你”这样的话就不一定要当面对孩子说出来了。

因为，孩子所做的事都只是一些力所能及的事，在他的内心深处也是十分希望自己得到肯定的，至于自己是否是“世界上最乖”、是否是“特别听话”，他也许根本就没有思考过。妈妈赞美的话语只要中肯就行，孩子也能在这样适度的赞美中，对自己的行为进行简单的价值判断，在这样适度的赞美中自行演绎自己的品格。

难以想象，一个在生活中处处听惯了赞美话语的孩子，将来对自己是否能有清醒的认识，将来能否虚心接受别人的批评或意见呢？

所以，妈妈不能让孩子在受责备的环境中成长，但是也不能让他整日沐浴在甜言蜜语中。

妈妈先知道

妈妈的赞美是表达对孩子爱意的一种方式。赞美的话可以鼓励孩子，让他觉得备受尊重并肯定自己的价值所在，进而发展出更完美的人格。但是过度、过分的赞美，往往会让孩子产生一种错觉，觉得自己就是最好的。于是，他看不到自己的缺点，也不能正确认识自己所做的事，将来也未必能经得起挫折和批评。妈妈要记住，赞美只是对孩子努力的肯定，也许只要那么一点点就足够了。

第二节　责备也要有技巧

妈妈心态：无论什么场合，想责备就责备。

孩子状态：自尊心被伤害，开始变得抑郁。

好妈妈应该掌握责备的艺术，用心地帮助孩子改正不良的行为。妈妈要让孩子知道受到责备的原因，使他心服口服，并且在责备中感受到妈妈对他的关怀，这样才能真正达到责备的目的。

我们反对对孩子一味责备，缺少鼓励和赞扬。同时也承认，对孩子予以必要的责备也是不可缺少的。但是在现实生活中，有些家长往往莫名其妙地责备孩子，孩子不知道自己做错了什么，家长也说不清到底为哪件事发火。

妈妈对孩子进行教育也需要“责备”这件法宝，责备是一门学问，不仅要讲究原则，而且还讲究方式方法。妈妈的责备不仅是让孩子听话，更重要的是让孩子进步。如果妈妈的责备方法不对，无法帮助孩子发展，相反，会让孩子失去上进心。

琳达的妈妈非常喜欢装饰品，她家客厅的装饰柜里摆放了很多十分精美的瓷器。小琳达去倒水时，手伸到了装饰柜里，“吧嗒”一声，花瓶碎了。

琳达知道自己闯了祸，吓得连连后退，端在手里的水也撒了一地，客厅里顿时一片狼藉。妈妈看了看女儿，十分生气，那可是她最心爱的瓷器呀！

妈妈望着一地的碎片，难过地说："看，你不小心把花瓶打碎了，你知道吗？妈妈非常喜欢这个花瓶！"

琳达低着头，不好意思地说："是我不好，妈妈，我以后会小心的。"

妈妈蹲下身子捡地上的碎瓷片，琳达急忙拿起扫把和妈妈一起打扫。

当妈妈打扫客厅的碎瓷器片时，琳达站在旁边一会儿递抹布，一会儿递扫把，还自己拿着抹布跟妈妈一起擦地。

当把碎瓷片清扫干净时，妈妈看着装饰柜里空着的地方难过地说："这么漂亮的花瓶，多可惜啊！"

琳达很懂事地点点头："妈妈！下次我一定会特别注意，不让这么美丽的花瓶再摔碎。"

琳达想摸瓷瓶，是她的好奇心所致，所以琳达的妈妈没有大声地训斥她，而是动情地责备她的不小心，打碎了妈妈心爱的瓷瓶，让她意识到自己的错误，引导琳达以后做事要多加注意。

每个孩子都会做错事情，但每个妈妈却在对待孩子做错事情的问题上有不同的做法。一个好妈妈不会纵容孩子，也不会责骂孩子，她会用巧妙的责备让孩子发自内心地意识到自己的错误，并给予改正。一味地纵容会养出一个娇惯的孩子，一味地责骂会养出一个自卑、没信心的孩子，而巧妙地责备则会培养出一个知情达礼的孩子。作为妈妈，你会选择哪一种做法呢？

著名育儿专家斯宾塞曾经有过这样的评论："粗糙轻率的家庭管理作风是最贫乏、最无教育智慧者都能够采用的。最不开化的野人和最笨的农夫都会想用打几下和骂几句作为惩罚。兽类都能用这个办法来管教，从一个母狗用吠声和假咬来制止一个要求过分的小狗，就可以看得出来。”

妈妈责备孩子的时候，要尽量用小孩子能明白的语言用词，清楚地告诉孩子是什么原因才责备他。在责备的时候，如果和孩子的行动之间没有什么直接的关联，就达不到责备应有的效果。所以，妈妈如果发现孩子犯错误，就应该在事情发生的时候责备，不然孩子根本无法明白自己为什么被妈妈责备。

如果只是一味地斥责孩子，那只能是左右孩子行为的一种教育方式，只能给孩子提供一种消极的信息，只是单纯地表明孩子做得不对，却没有告诉孩子怎么做才是正确的。因此，妈妈在教育孩子的过程中，要告诉孩子正确的做事方法，这样，孩子才不会感到迷惑不解，不知所措。

责备虽然是妈妈教育孩子的好武器，但是责备也要分场合。妈妈们要知道，孩子比大人更爱面子，孩子对责备会更加敏感，如果不分场合地当众责备孩子，孩子们会觉得被别人瞧不起。

7岁的光光吃饭时，经常用手抓饭抓菜，或用勺子敲饭碗，弄得一桌狼藉。

一天，光光的妈妈约了几个朋友来家里作客。妈妈就提前告诉他：“今天有几位阿姨的好朋友来家里作客，你一定要用勺子吃饭，千万不能用手抓菜，也不能用勺子敲饭碗，那样的话，阿姨们会认为你是个没有礼貌的孩子，懂吗？”

“我懂，妈妈，我一定不会让你丢脸的！”光光蛮有信心地回答。

饭菜端上来后，光光看到香喷喷的饭菜，早把妈妈的叮嘱忘到九霄云外了，不由得伸出手来。妈妈知道光光的这个毛病，忙伸出手拦住，对儿子说：“光光，厨房里有你的勺子，去拿好吗？”

阿姨们并没有注意到这个细小的动作，光光一下子明白了妈妈的用意。

妈妈觉得当着众人的面不好责备他，便找了个借口让他到厨房去。妈妈见光光到了厨房，也忙说："噢，厨房里还有菜，我去端！"

到了厨房，妈妈悄悄对光光说："你怎么又伸出了手？你这样做很不礼貌的，阿姨们会不喜欢你的，如果下次再这样，妈妈就生气了。"

吃饭时，光光一直记着妈妈的话。因此，他吃饭时特别注意礼节，阿姨们都夸奖光光懂事。

光光的妈妈通过巧妙地把孩子叫到厨房的方式，责备他的坏毛病，这样既能让孩子容易接受，又让孩子在大家面前不失面子。如果妈妈当着众人的面责备、训斥光光，不但会让光光感到难堪，而且在场的人也会感到尴尬。

其实，类似的情况在生活中有很多。妈妈要知道，孩子做得不对时不仅关乎你的面子，也关乎孩子自己的面子。责备是必要的，但不分场合的责备却是无知的。孩子的自尊心很脆弱，妈妈在想着改掉孩子坏毛病的同时，更要懂得呵护孩子脆弱的自尊心。

对于责备的方式，孩子再怎么错，也不至于否定和侮辱他的人格和自尊心。即使孩子还小，没有具体的人格意识，但他也会为那样的话感到屈辱，觉得自己的心灵被严重刺伤了。

人的一生，不犯错误是不可能的，这是众所周知的道理。但是作为妈妈，往往会用这个道理来原谅自己所犯的错误，却不肯用这样的道理来原谅自己的孩子。大人的世界和孩子的世界应该是平等的，为什么妈妈犯错时候能偏袒自己，却对自己孩子苛刻呢？

当然了，凡事都是有利有弊的。当孩子犯错时，过分宽容是不可取的，但是该宽容的时候，也绝不能过分苛刻。一种优秀的责备，首先应该把孩子所犯的错误当平常事来对待，对他的过失要表示理解。这样一方面可以缓解孩子因错误带来的心理压力，另一方面也能给自己一个正确、全面了解孩子内心世界的机会。

妈妈的责任就是要在孩子犯错的时候，实时有效地给予提醒，制止他的行为，引导孩子认识错误改正错误。不管有多么严重，都要先弄明白整件事的经过，了解孩子犯什么错，为什么会犯错，错到了什么程度，然后告诉孩子他的不对，应该怎么去改正。

妈妈先知道

孩子犯错是再正常不过的事情，就连我们成人也无法做到完美，为什么还要苛求孩子呢？妈妈在面对孩子的错误时，要注意责备的火候，绝对不能一看到孩子犯错就火冒三丈。有的孩子感受性极强，稍微大声地责备都会对他们的心理造成很大的震动，责备这样的孩子要学会轻声地责备，甚至用肢体语言来暗示；有的孩子“皮糙肉厚”，轻声责备在他们面前很难发挥出任何的作用，妈妈们就可以尝试用稍微严厉的方式来责备，让他们意识到自己错误的严重性。行之有效的责备是要结合场合、结合孩子个性特点等因素，用心去换来的。

第三节　鼓励塑造勇者，鼓励成就梦想

妈妈心态：我的孩子可以吗？

孩子状态：越来越没有信心，面对生活更加悲观。

孩子成长的过程，如同在森林中探索一样，可能处处藏着豺狼虎豹，时时遇到艰难困苦。但是，无论前方发生什么变化，无论他们遇到什么难题，无论前面是悬崖还是峭壁，妈妈都要鼓励孩子勇敢地去面对，用积极乐观的心态去迎接人生的挑战。这样孩子才能走出迷茫，走向成功，赢得未来。

妈妈鼓励的真正价值在于，当孩子痛苦或迷茫的时候，妈妈能够实时给予温暖，并正确地引导孩子。有了妈妈的鼓励，孩子本来做不好的事情也会在妈妈的关爱之下做好，而本来可以做好的事情也一定能做得更好。作为妈妈，在内心里都会有一种潜在的意识，会觉得孩子小，做事不放心，对孩子的能力缺乏足够的信任。也有的妈妈出于保护孩子的心理，不让孩子去尝试没有做过的事情。一旦孩子提出了要求，妈妈就会产生怀疑的态度：“这孩子可以吗？”

“安德鲁，这些是你搞的吗？”妈妈把一堆闹钟的零件往桌上一扔，有些生气地问。

“是的，妈妈。我只是想看看闹钟里面有些什么东西，我本来打算再把它们装回去的，可是又忙着拆剃胡刀，把闹钟给忘记了。”

妈妈看到孩子好奇心这么强又不忍心呵斥他，便耐心地对儿子说：“安德鲁，这些东西都是很贵的，你喜欢拆东西没问题，但是拆完还要把它们装回去。”

安德鲁很愧疚地说：“知道了，妈妈，我真的很想知道这些东西到底是如何运作的。”

妈妈坐在儿子的身旁，说：“告诉我，儿子，你把这些东西拆开要干什么呢？你要学习修理机器吗？”

安德鲁想了一下，说：“不是的，其实我不喜欢装回去，只是想拆开看看里面到底有些什么东西。”

妈妈想了想说：“儿子，我们可以去社区学校看一下，看看那里有没有关于拆装小器械的课程。既然你这么喜欢拆机器，那就通过课堂上的学习，亲身感受一下自己对机械方面究竟有多大的兴趣吧！”

“太好了，妈妈！我真想搞清楚所有的机器里面到底都有什么东西来维持它们运作的！”安德鲁高兴地说。

作为妈妈，要允许孩子“拆东西”，家中如果有贵重的东西，尽量放到安全的地方。其他的东西如果被孩子拆了，也千万不要责怪他们，那样只会打击孩子的好奇心与探索欲。你也要向安德鲁的妈妈学习，告诉孩子如果想拆东西，要得到大人的同意。另外，要告诉孩子，拆东西只是完成了一半的工作，把拆下来的零件再装回去才算是完成了全部的工作。这样，一拆一装的两个过程，会更加促进孩子的成长。

妈妈是孩子最信赖的人，她的话能造就一个孩子，也能毁掉一个孩子。试想，当妈妈没有给予安德鲁拆卸机械的机会，孩子潜在的能力或许就会从此被遏制了，永远无法发挥出来。最终的结果会让孩子在心里产生了强大的错觉："我真的没用，连这个简单的事情都完成不了。"长此以往，他就会对事物慢慢失去兴趣，到那个时候，就真的是"什么也不会做了"。

每个孩子都对新鲜事物充满了好奇心，只要用心去观察，就总想自己动手。对孩子来说，这好像是在玩耍、做游戏，而正是这种好奇心，促使孩子学到了大量的知识。因此，妈妈鼓励孩子动手动脑、鼓励孩子实现自己的梦想，满足孩子的好奇心，就等于在为孩子的未来铺路。

小洁从小就胆小，做什么事都要妈妈陪着，比如到公园去玩耍时，总是让妈妈在一旁看着。

有一次，妈妈带小洁去公园。到了秋千旁，妈妈想让小洁一个人荡一会儿，可是小洁不敢，妈妈把她抱上去，小洁吓得直哭，妈妈只好又将她抱下来；到了滑梯边，妈妈让她像其他小朋友一样一个人玩滑梯，她还是害怕，让妈妈在下面接着她。

妈妈见女儿这样胆小，心里很担心，就决定改变对孩子的教育方法，鼓励小洁独立、勇敢起来。

妈妈说："小洁，你自己玩一会儿，妈妈在这里等你好不好？"

小洁拉着妈妈的手死死不放，说："我要妈妈陪着，我自己害怕！"

"宝贝，勇敢一点！你看，其他小朋友也都是自己玩！"

小洁没办法，慢慢走到其他小朋友身边，怯生生地站在一边，妈妈在后面鼓励道："宝贝，快去玩呀！小朋友们很喜欢和你玩的！"

小洁试探着走近其他小朋友，和他们一起玩耍，妈妈只是在一旁静静地等着她。到了中午，小洁跑到妈妈身边说："妈妈，我玩得很开心，我敢自己玩滑梯了！"

小洁的妈妈摸着女儿的头，对她说："宝贝，你今天表现得很勇敢，我希望你以后也能继续这样！"

"妈妈，和别的小朋友一起玩真好，我以后不用你陪着我玩了。"

"宝贝，你真是太棒了。"说着妈妈把小洁搂进怀里。

从那以后，妈妈总是鼓励小洁自己去尝试。妈妈还会常常用鼓励的口气对她说："宝贝，自己试试，你一定可以的！"小洁望着妈妈那坚定的眼神，就勇敢地去尝试了。

小洁的妈妈培养孩子从小学习勇敢尝试的经验是值得赞赏的。每位妈妈都希望孩子早日成材，可是大多数的妈妈只会站在滑梯边焦急地看着孩子玩耍，不敢放手让孩子独自面对挑战。为了孩子，应该尽早让他独立起来，这样才可以培养孩子的独立性和自信心。在生活中，妈妈要多鼓励孩子勇敢尝试，给孩子提供各式各样的独立机会，让孩子在不断地探索中增强自信，增强对自己能力的认识。只有这样，孩子才能从小养成勇敢、独立的特质。

作为妈妈，谁都不会希望自己的孩子成为一个什么事都不敢做，甚至畏首畏尾的人。在教育理论中，有一种赏识教育。妈妈可以把这套理论运用到日常教育孩子上。

类似这样的话你应该经常说：

"孩子，你可以的，妈妈相信你。"

"好吧，妈妈让你尝试，你可以做好的。"

……

在孩子自己要求做某件事情的时候，一定不能吝啬给孩子尝试的机会。当然，也许这些事情是孩子不能驾驭的，或者对于孩子来说是有一定危险的，但是，只要妈妈告诉孩子做事的步骤、技巧和注意的事项，并在一旁关注孩子，认真观察做事的进展，就不会有事。在这个过程中，妈妈最好能保持心态上的冷静，并且控制自己做个绝对的“局外人”。所有的一切都让孩子动手、动脑完成，这其实是锻炼孩子的好机会，结果到底怎样并不重要。所以，妈妈一定不能在事情进展不是很顺利的时候，给孩子泼冷水，说一些打击孩子积极性的话。最明智的方式是帮助孩子找到原因，鼓励孩子重新尝试。

我们不难发现，孩子在一次次的尝试和努力中，的确能够学习不少东西，处理问题的能力得到提高，这对孩子的成长而言是十分重要的。这也是你不吝啬对自己孩子鼓励的结果。

妈妈先知道

种子需要阳光和空气才能萌芽，孩子需要赏识和鼓励才能茁壮成长。但是，并不是每一棵小树都能健康茁壮地成长，只有精心地去呵护、去关爱，小树才能成为栋梁之材。每个孩子都有自己的长处，每个孩子都有一颗渴求上进的心，每个孩子都渴望被赏识、被关怀、被鼓励。多给孩子一些赞赏与鼓励，多向孩子的心灵撒下爱的阳光，孩子才会感觉到温暖。

第四节　让孩子从小学会感恩

妈妈心态：爱孩子就要围着孩子转。

孩子状态：不懂得付出，认为父母为自己所做的都是理所当然的。

有的父母对孩子总是放在手里怕摔了，含在嘴里怕化了，恨不得孩子要月亮也会去摘。反正只要是孩子的要求，不管有理还是无理，全部满足，可是他们没有意识到，正是这种百依百顺助长了孩子的“嚣张气焰”，并使其逐渐养成了以自我为中心的坏毛病。

一位教育家曾在他的书中讲过这样一个故事：

有一位母亲，她特别疼爱自己的女儿，只要是她女儿提出的要求，她都想方设法地满足，但是她的女儿不仅不感激妈妈对她的爱，还觉得妈妈的百依百顺是理所应当的事情。

有一次，女儿的学校举行校外教学活动。活动的前一天，这位母亲的心脏病发作了，身体很不舒服，她在家稍作休息后就到学校询问校外教学要带的东西。老师看到她的脸色很不好看，就问她是不是生病了，她说就是身体有点不舒服但是没什么大碍。老师把她的女儿叫到办公室，告诉她妈妈生病的事并希望她放弃校外教学活动在家照顾妈妈。女儿很不高兴，她想出去玩，可是她又不想让老师对自己不满意，就不情愿地答应了。从办公室出来后，女儿对这位母亲大发雷霆，责问她为什么要到学校把生病的事告诉老师，现在自己不能去校外教学活动了，都怪妈妈，她还狠狠地说妈妈是个惹祸精。

这位母亲追在女儿屁股后面不停地解释，她的女儿根本不听，结果母亲的心脏病又犯了。

这个故事很值得我们深思，难道对孩子来说，把自己视为掌上明珠的母亲还没有一次校外教学重要吗？现在有很多孩子都是这样，他们把父母对自己的好当作是天经地义的，父母就应该为他们做牛做马；相反，他们根本就没有关心过父母的生活，只知道从父母身上索取爱，却不懂得给予父母爱。

然而我们在责怪孩子们自私的同时，也应该反思一下父母的行为。孩子的自私跟父母的行为有很大的关系。现在大部分家庭都是一个孩子，父母对这仅有的一个孩子是放在手里怕摔了，含在嘴里怕化了，全都当作宝贝一样来养。他们往往自己舍不得吃舍不得穿，把省吃俭用存下来的钱全部用在孩子身上。他们溺爱孩子，恨不得孩子要月亮他们就去摘月亮，孩子要星星他们就去摘星星，反正只要是孩子的要求，不管有理还是无理，全部满足，他们觉得满足孩子的各种要求就是爱孩子的最充分表现。可是他们没有意识到正是他们的百依百顺助长了孩子的“嚣张气焰”，使他们变本加厉，逐渐让孩子养成了以自我为中心的坏毛病。

捏泥人大家都见过，一块泥巴能捏成什么样完全在于捏的人，有时候孩子就像一块泥巴，而父母就像捏泥的人。孩子毕竟还小，他们不懂得人情世故，父母教育得好，他们成长得就好；父母如果一味地放纵孩子，孩子长大后就不能成为一个优秀的人。父母疼爱孩子是人之常情，天底下有哪个父母不想让自己的孩子幸福呢？爱孩子谁都能理解，关键是爱的方式对不对。我们经常从电视或者报纸上看到孩子长大成人后不孝顺自己的父母，只顾自己的妻儿过得怎么样，对父母生活的如何只字不提，有的甚至把年迈的父母赶出家门或者送到养老院去。听到这种故事我们更多的是批评这种人忘恩负义、禽兽不如，但是有一点我们往往忽略了，那就是他们根本没把父母为自己所做的一切当作是爱，他们认为父母就应该为孩子做任何事，而这些事不需要回报，所以他们就觉得自己不关心父母也不是什么大不了的事情。

一位妈妈曾说过："我非常爱自己的孩子，我每天工作忙得晕头转向，还要早起为他做一切事情，可是后来我却发现孩子认为我为他所做的一切都是应该的，他根本不领我的情。有一次，我生病了，他上学前明明看见我在床上躺着，他放学回来后我仍然在床上躺着，他不仅不问我为什么总躺着，是不是病了，还把书包往床上一扔，只对我说了一句：'妈，你别睡了，快起来做饭吧，我饿了！'当时我心里真的很难受。"另一位妈妈也说："我家孩子的某些缺点让我很头疼，比如说自私。我们全家人一起去饭店吃饭，她点了一盘自己爱吃的菜，就她自己吃，别人筷子都不能动。你说她长大后可怎么办呢！"

很多父母都有上述类似的抱怨："现在的孩子真的是自私、冷漠，从来不考虑别人的感受，也从来不关心别人，就知道自己，他们长大后怎么办呀！"父母为了孩子几乎付出了自己全部的心血，他们一辈子忙忙碌碌为了谁？难道是为了自己吗？还不是为了孩子，让孩子过上好日子，他们将全部的爱给了孩子，可是到头来他们从孩子那里得到的爱却少之又少。其实，孩子自私的最根本原因还是在父母这里，父母如果溺爱孩子，孩子一定会变得自私，以自我为中心。

下面是一个妈妈对自己孩子的描述：

我家明明5岁了，长得白白净净，特别可爱。明明平时总是笑嘻嘻的，大家都很喜欢他。

有一天，我家的一个远亲带着孩子到我们这里办事，顺便到家里做客。大人聊天，小孩子们就一起玩。亲戚家的孩子比我家明明大1岁，我想他们应该能玩在一起，就把孩子带到明明的房间，让他和明明一起玩玩具。亲戚家住在农村，家里也不怎么富有，他们平常不怎么给孩子买玩具，孩子见这么多玩具自然特别高兴。他刚拿起一把玩具枪，明明就跑过来一把把枪抢过来，大叫道："谁让你玩我的枪的，想玩让你妈给你买，这是我的！"

亲戚的孩子没说话，后退了几步，不小心踩到了明明的小汽车，这下明明大哭起来："妈妈！哇……哇……他踩我的车！妈妈！"我闻声赶忙跑过来，问是怎么回事，明明哭着说亲戚的孩子踩他的小汽车，越哭越厉害。亲戚也跑过来，一看这种情况，就打孩子的屁股，孩子也哭了。亲戚说要赔小汽车，我怎么能这么做，连忙说："不用不用！也没坏！"亲戚说："我们还是回去了，给你们添麻烦了！"我说："别！大老远来了，怎么也要吃顿饭呀！"亲戚推辞了，带着孩子走了。他们走后，我狠狠地教训了明明一顿。

还有一次，我带着明明出去玩。邻居张奶奶买菜回来看见我们就给了明明一把红枣。明明把红枣放在自己小车的车筐里。这时，邻居小孩丽丽冲着明明跑过来，她看见明明有红枣就伸手去拿，谁知明明上去就要抢回来。我连忙抓住他的手说："明明，把红枣分一些给小丽好吗？有好吃的要分给小朋友，才是好孩子！""我不！"明明倔强地说。后来，他还跟我生气，说我不爱他。孩子这么自私真是没办法！

由于父母，尤其是妈妈们，对孩子有求必应，不加限制地满足孩子的愿望，导致孩子养成"以自我为中心"的坏毛病。他们往往有好吃的自己吃，有好玩的自己玩，好像世界上所有的好东西都必须是自己的。他们习惯于父母给予自己的特殊优待，不仅认为父母对自己好是理所当然的，还认为身边所有的人都应该对自己好。他们对自己的自私自利不以为然，从不知道要回报他人，也不会关心他人。虽然父母可以对孩子付出全部的爱，但别人是不会这样做的，如果孩子从小养成什么事情都“以自我为中心”，觉得别人对他的好都是应该的，这样的孩子长大后很难在社会上立足，会吃大亏。

以下是一些帮助孩子改正自私的方法，妈妈们可以借鉴一下：

1. 创造分享的家庭气氛

如果孩子有独自享用美食的习惯，妈妈就要注意了。应该把食物分开，不能一味地纵容孩子吃独食，要告诉孩子好吃的东西大家都喜欢，必须学会与别人分享。如果孩子大哭大闹，妈妈也不能心软，只有坚持到底，孩子的毛病才能改正。

2. 拒绝孩子的不合理要求

对于孩子的合理要求，妈妈们可以满足，对于不合理的要求，坚决不能满足。此外，更不能让孩子养成“说风就是风”的习惯，对于不能实时满足的要求，要让孩子学会等待。如果孩子又哭又闹，妈妈们也要坚持到底，不能给孩子留有余地。一旦妈妈们妥协了，孩子就会认为你们好哄，下次他还会哭闹。

3. 让孩子学会关心他人

妈妈可以故意制造一些对孩子进行教育的机会，让孩子认清自私自利的人不受大家欢迎，只有懂得关心他人、乐于助人的人才能获得大家的喜欢。

教育孩子在与小朋友相处时要懂得谦让，多关心父母和他人。

4. 父母要以身作则

父母的行为对孩子有很大的影响。父母在生活中无论如何都要互相关心、孝敬长辈，给孩子树立榜样。久而久之，父母的行为方式就会影响和感化孩子。

妈妈先知道

当然，对于有“以自我为中心”倾向的孩子也不是完全没救了，妈妈们不要感到绝望，办法还是有的。尽早发现孩子身上的缺点未尝不是件好事情，早发现早帮助他们改正。

第五节　抚慰是最好的“疗伤药”

妈妈心态：该打就打，该骂就骂，下次就长记性了！

孩子状态：养成条件反射般的抵触心理。

抚慰孩子那颗恐惧的心需要一定的时间，妈妈需要具备耐心与信心，多给孩子一些爱抚，多向孩子讲述一些人生的道理，有意识的锻炼孩子独立的生活和社交能力。

一般来说，一个小家庭就是一个小团体，一家人在一起生活，如果不能经常沟通和交流，渐渐地就会疏远和有隔阂了，这样一来，便容易产生矛盾。尤其在妈妈和孩子之间，这样的交流是非常必要的。

在孩子年龄还小的时候，喜欢和妈妈待在一起，并且喜欢将自己的想法告诉妈妈。可是，当孩子一旦有了较强的自我意识，个人的世界就会逐步成型，他便会把很多事情藏在心里，不愿意和父母分享。这就是妈妈和孩子产生“代沟”的时期。在这种情况下，妈妈最好能主动找孩子说话。如果你经常看到孩子闷闷不乐地坐着看电视，或者一回家就待在自己房间里，你就应该主动地和孩子进行沟通，问问孩子最近有没有想和自己分享的生活趣事。如果孩子仍沉默不语，你就试试和他聊聊他日常感兴趣的话题。只要能把话匣子打开了，他也许很快就能向你敞开心扉了。

“儿子，最近你好像有心事，能和妈妈说说吗？”

“妈妈，我总觉得初中没有小学有意思，虽然我花费了很大的精力，可是成绩还是不能提高。”比尔终于说出了自己的心里话。

妈妈感到很惊讶，孩子那么优秀，怎么会觉得学习没有意思呢？可是她没有急于对孩子讲初中知识的重要性，而是像往常一样站在孩子的角度，去思考他的难处。她对比尔说：“你的心情妈妈能够理解，努力学习，成绩却没有实时提高，这使你没有了过去的优越感和自豪感，心里一定不好受。我想，大概是你还没有适应初中的学习，因此会觉得没意思，是这样吗？”

“是的，妈妈，我现在的学习成绩没有以前好，你一定不喜欢我了吧？”比尔瞪着眼睛望着妈妈。

妈妈把儿子搂进怀里，用亲切的目光注视着他，说：“孩子，你永远是妈妈的最爱。请记住，无论你的学习成绩好或坏，妈妈都同样爱你！再说，成绩并不能代表知识，而妈妈希望你成为一名有知识的人。”

妈妈认为比尔的关键问题是失去了自信，只要重新唤回他的自信心，儿子就一定能迎头赶上。妈妈经常为比尔指出一些他想不到的问题，不断鼓励儿子，以增强孩子的自信心。

比尔在妈妈的指导下，对自己能学好初中的知识充满了自信心。学习成绩很快提高了，又变成了从前那个活泼开朗、能言善辩的比尔。

比尔的妈妈在发现孩子学习成绩不好时，并没有批评孩子，而是给予孩子心灵的抚慰，对孩子表示理解与支持，然后再分析问题的根源，采取正确的方法帮助孩子恢复了在学习上的自信，使孩子信心百倍地投入在学习之中。

真心的抚慰能够让孩子明白，无论在多么困难的情况下，妈妈永远是他最安全、最温暖的港湾。也会让孩子知道，人生中再大的苦难与挫折也终有过去的那一天，不要担心自己在独行，妈妈会时时刻刻站在背后支持、关心他。

其实作为孩子，他们也并不希望与父母有隔阂和矛盾。很多时候就因为妈妈不了解他，他就会对妈妈的关心产生恐惧感和厌倦感。如果妈妈能够主动消除这些感觉，孩子还是非常愿意交流自己内心想法的。但这也有前提，那就是妈妈能够像朋友一样理解他。有些时候，孩子之所以闷闷不乐，也许是害怕妈妈听了不高兴，把他数落一顿。

孩子的学习成绩毫无疑问是每个家庭、每个妈妈最关心的事情之一。大多数的妈妈把分数当成孩子成长道路上唯一的标准，一旦孩子考试没考好，就如同天塌下来一样。不可否认，分数固然重要，但训斥、失望或施压又有什么用呢？抚慰你的孩子，告诉孩子为什么要学习，怎样去学习，给他支持，给他自信不是更好吗？

当妈妈发现孩子成绩不好的时候，先不要妄加评论，应该站在孩子的角度，对孩子的心灵给予亲切的抚慰，让孩子愿意向你倾诉他的心声，找到成绩下降的根源，进而引导他想出解决问题的办法，最终孩子的成绩才会提高。

海海性格内向，胆小羞涩，到了幼儿园也不敢和别的小朋友说话，更别说和他们一起玩。海海很难适应幼儿园的新环境，这让妈妈很烦恼。

每当下课的时候，海海总是一个人抱着球，站在远远的地方看着其他小朋友玩。为此，老师经常找他的妈妈谈话，希望能帮助海海尽快适应新环境。

无奈的妈妈找到了心理医生，妈妈按照心理医生的建议对孩子加以教导，她对海海说：“宝贝，我知道你不敢和小朋友们玩。其实，老师和小朋友们都很喜欢你，你试着跟他们一起玩，一定会非常快乐的！”

“妈妈，我害怕和别的小朋友吵架！”海海怯生生地说。原来，海海曾经和一个小朋友因为气球发生过争吵，从此在她的心灵里就留下了裂痕，她担心与其他小朋友无法相处。

“你明天试试，小朋友们都很可爱，不会和你吵架的！”妈妈鼓励她。

在幼儿园里，老师也帮助海海走入小伙伴们的中间。有时她慢慢地走向小伙伴，有时小朋友们主动来找她玩，海海渐渐感受到了与他人接触的快乐。

每个孩子在成长的不同阶段都会有不同的恐惧心理，妈妈应该耐心抚慰，不应对孩子置之不理或大声训斥，那样只会使情况变得更糟。抚慰胆小受惊吓的孩子，最好的办法是轻轻地拍拍他或者紧紧地抱抱他，让孩子感受到你的支持和信任，这样做会让他感到安全与温暖。帮助孩子克服恐惧，这对孩子的健康成长具有极大的好处。

作为妈妈，应该有意识地要求自己和孩子“说说话”，主动一点，给予孩子适当的诱导，就相当于给了孩子一个表达自己想法的机会。让他的倾诉欲望得到满足，让他有机会发泄自己心中的不满，诉说自己内心的苦恼，这对孩子的心理健康也是很有好处的。

除此以外，妈妈要让孩子感受到自己持久的关心。如果妈妈从不主动问孩子，孩子怎么能感受到妈妈的关心呢？他是不是会在想，妈妈对我不关心了。

不时要用轻松平和的语气邀请孩子跟你说说话。对于孩子来说，就能真切地感受到来自妈妈的关心。孩子一旦了解了妈妈有关心自己的欲望和兴趣，就不会再和妈妈保持距离了。时间久了，尽管你不再说那样的话，在他心里也能明白你对他的关心。在这样的家庭氛围里，孩子能够获得更健全的人格，生活更加快乐。

主动和孩子交谈，也是你把自己的想法传达给孩子的一个很好的途径。其实，并非每一次的谈话都要正襟危坐，完全可以在轻松活泼的聊天中，把自己对孩子的要求、期望、生活中应该注意的事项，不经意地告诉他。当你不再是一种家长式的教育在对待孩子，孩子反而更能认可你的观点和建议。

在这里需要注意的是，要求你和孩子“说说心里话”，而不是强调孩子对你的建议和想法的执行。如果你需要征求孩子的意见，如果他实在是不愿意说，比如心情实在是很糟糕的时候，不想应付任何人的时候；比如他需要时间安静的时候，一定要表示理解，强迫孩子只会使孩子感到反感。

妈妈先知道

一声亲切的关怀，一次轻轻地抚摸，一个温柔的微笑，都是对孩子受伤心灵的抚慰。妈妈那颗充满爱的心，就像是一根魔法棒，能抚平孩子心灵上的创伤。如果妈妈用真爱打开孩子那扇紧闭的心窗，孩子一定会快快乐乐地成长进步。

第六节　让孩子的自信心一天天壮大

妈妈心态：孩子怎么又惹祸了？真让人不放心！

孩子状态：胆小怕事，只会低头做人。

在一个人还是孩子的时候，如果妈妈一直提醒他——你是天下最优秀的，你的失败是暂时的，再做一次肯定会成功的，这在事实上就是鼓励孩子不要放弃，也是在培养孩子的自信心。

许多妈妈一直都想让孩子成为最出色的人，却不允许孩子们用不同的方法去发现自己的能力，这其实是怀疑他们的能力，限制他们的发展。比如，当 4 岁的孩子要帮妈妈包饺子时，妈妈经常夺过孩子手中的工具，“小宝贝，你会把面粉弄得满身都是的。”为了不使面粉弄脏孩子的衣服，结果使孩子的自信心破碎。

孩子们努力去发现自己的长处和能力，他们总想试着做这做那，好奇心驱使他们一次次地接受挑战，他们会跟在大人身后，你做什么，他就去做什么。可是妈妈却在泼冷水。

当 5 岁的孩子自己穿衣服的时候，妈妈说：“穿错了，穿反了。”当他们自己吃饭时，妈妈却说：“看你把衣服弄得多脏。”妈妈把勺子拿过来，喂他吃。当孩子要洗碗时，妈妈说：“别把汤勺打碎了。”当他们要帮忙拖地时，妈妈说：“算了，你还小，你会把自己弄得湿答答的。”妈妈把拖把夺过来，让孩子茫然地看着妈妈自己拖。就这样，妈妈让孩子看清楚了自己是多么的弱小。

日常生活中，妈妈应该给予孩子更多的信任，由自己的信任转化为孩子的自尊、自信，孩子碰到不顺利的难事时，有时候会畏缩不前，表现出害怕和懦弱的样子，此时，妈妈也要有自信的态度，和孩子一起去争取成功，充分享受成功带来的喜悦。

“妈妈，弟弟今天又恶作剧，被老师点名批评了。”博比又告弟弟的状了。

“这孩子，总是恶作剧被老师批评，该怎么办呢？”博比的妈妈为儿子发愁。

博比 7 岁的弟弟利比十分顽皮，在学校总爱恶作剧，有时竟在课堂上逗得同学们哈哈大笑，影响了正常的教学秩序。为此，老师多次把利比的妈妈请去，希望能找到一个好的方法帮助利比改掉这个坏毛病，可是都无济于事。

实在没有办法，妈妈便去请教了心理医生，心理医生向她推荐了赏识教育法。今天，利比的妈妈便打算开始实行。

利比放学回家，鬼鬼祟祟放下书包就要走，妈妈很快拦住他，把手放在利比的肩上，亲切对他说：“利比，告诉妈妈，今天在学校里发生了什么事？”

利比觉得妈妈今天和以往不一样了，很吃惊，可是他看着妈妈那真诚的目光，也就鼓起勇气大胆地说了：“我上课的时候，发现镜子对着太阳光可以把影子映到黑板上，于是就玩了起来，没想到正好照到了老师的眼睛，老师就发怒了。”

利比说完后，往后退了几步，生怕妈妈再打他。妈妈来到利比身边，蹲下身子，亲切地对他说：“利比，你的顽皮、恶作剧都有独创之处，这说明你是个聪明的孩子，能想出这种恶作剧的孩子，按理来说功课一定很好。”

利比被妈妈逗乐了：“妈妈，你没搞错吧，像我这种孩子不受批评就不错了，还能当得了好学生？你是在笑话我吧！”

妈妈见利比对自己没有信心，便给他鼓励：“相信自己，一定可以的！”

从这以后，妈妈多次赞美利比的聪明，并给他鼓励，渐渐地，利比的学习成绩上升了，他对自己也越来越有信心了。

自信是成功的基石，是一个人对自身力量的认识和充分估量，是孩子成长过程中的精神核心，是一种良好的心理状态，也是一个人克服困难、自强不息、取得成功的内动力。谁拥有自信，谁就有了一半的成功。如何在家庭中培养孩子的自信心呢？事实证明，能力再有欠缺的孩子也有自己的“发光点”，利比的妈妈就是从孩子的优点入手，实时地给予赞美和肯定，不断强化他积极向上的态度，从此，利比对自己重新建立了信心，开始努力学习。

许多家长对孩子采取过分保护措施，使孩子对环境产生恐惧感，进而影响他适应环境的能力。比如孩子摔倒时，大人不要大惊小怪，如果我们不去扶他，他自己会爬起来；如果大人立刻扶他、哄他，甚至指责让他摔倒的地方，他就觉得非常委屈。对于妈妈来说，最大的信任、必要的指导、最低程度的帮助是培养孩子自信心的最佳方法。一个人能否征服自己、超越自我、取得成功，其自信、乐观的人生态度发挥着关键作用。因此，妈妈必须让孩子拥有自信，这样才能让孩子更健康的成长。

1888 年 11 月 7 日，在印度南部马德拉斯省的特里奇诺波利，亚洲第一个诺贝尔奖得主，与甘地、泰戈尔和尼赫鲁齐名的大科学家 C. V. Raman 拉曼来到了人间。父亲 Chan-drasekharaAiyar 是维察卡帕坦姆 A. V. N 学院的数学和物理教授。

小拉曼是一个智力过人的孩子，从小就受到浓厚的学术气氛熏陶，喜欢探索自然界中的神秘现象，并且得到了母亲极大的支持和鼓励。拉曼的母亲是一个具有良好教养的人，她懂得孩子品德的培养对未来事业有着决定因素。她更清楚，母亲对孩子的培养在某些方面是发挥主导作用的。拉曼的自信心和强烈的个性就得益于母亲。

懂事后，小拉曼醉心于科学研究中的严密推理思维和设计巧妙的实验方法，学习特别努力，很快就结束了中等教育，进入马德拉斯省立学院攻读大学学位。他只用了两年时间，就以第一名的成绩通过了文学学士考试，同时获得物理学金质奖章。19 岁那年又得到了硕士学位，赢得很高荣誉。

妈妈应该为孩子营造一个良好的家庭氛围，让孩子生长在充满活力、温馨宜人的家庭中，使孩子随时能够感受亲情、感受温暖，这样才能促进孩子的健康成长。有研究表明，当孩子处于轻松愉快的状态时，记忆会增强，联想会丰富，学习效率会大大提高，学习潜力可得到发挥。家长能否让孩子学会正确对待自己、正确评价自己，使孩子产生责任心和使命感，与家长自身的学识是否渊博有直接关系。从上述案例来看，拉曼的成功与母亲的教育十分有关。

自信对任何一个人的人生发展所发挥的作用，无论是在智力上还是体力上，或是处世上，都有着基石性的支持作用。因此，妈妈要善于鼓励孩子，让他们相信自己的能力。自信心是人生发展和成功的心理基础，又是能力和意志的催化剂。对于大多数孩子来说，正常的智力加上高度的自信，就能取得成功。而妈妈溺爱孩子，或者轻视孩子的创造性，就会扼杀孩子的自信心。

当孩子刚对自己有信心时，妈妈要学会保护和加以培养。因为孩子的信心处于萌芽状态中，常常脆弱不堪，稚嫩柔弱，他就像一棵小树苗，需要妈妈细心的呵护，不断地浇水、施肥，才会健康茁壮地成长。

妈妈先知道

孩子的自信心需要从小激发和培养。在孩子第一次向妈妈要求完成一件事情的时候，妈妈就应该特别的重视，因为这是孩子自信的萌芽。此时，妈妈要尊重孩子的意愿，保护他的积极性，让他开始自己人生中的第一次主动“尝试”，并尽力使他获得成功，千万不要吝啬这样的机会。即便是尝试失败，也应该鼓励孩子，帮助他树立信心，使他坚持不懈地求上进。

第七节　孩子也需要“面子”

妈妈心态：在别人的孩子面前贬低自己的孩子，在自己的孩子面前夸奖别人的孩子。

孩子状态：自尊心受到伤害，觉得什么都不如别人。

生活中有很多妈妈在教育孩子方面有一个致命的缺点，那就是喜欢拿自己的孩子和别人的孩子做比较，在别人的孩子面前贬低自己的孩子，在自己的孩子面前夸奖别人的孩子。然而妈妈们却没有意识到这种方法不但不能使孩子进步，还会严重伤害孩子的自尊心。

自尊心是所有人都具备的性格特征，是一种个人维护自我人格尊严，不受他人侮辱和贬低的心理状态。成年人都希望得到他人的尊重，都清楚自尊心受到伤害的滋味。其实小孩子的自尊心在某种程度上比成年人的更强。成年人经历的事情较多，相对于孩子来说有较强的自我调节情绪的能力，受到伤害时可以做自我调节，伤痛感也相对容易恢复。

然而孩子由于年龄小，心理承受能力差，比较脆弱，自尊心极易受到伤害，并且比较难恢复，有的孩子甚至一蹶不振，所以孩子的自尊心更应该受到保护。孩子们的可塑性较强，他们往往会因为一句鼓励的话欢天喜地，也会因为一句批评的话自暴自弃，有时候家长和老师不经意的一句话，也许就会严重地伤害到孩子的自尊心，就使孩子产生消极的情绪。

李敏有个女儿叫欣欣，今年上小学四年级。有一次，李敏的姐姐要到外地出差几个月，由于时间比较长，就把同样上小学四年级的女儿贝贝交给她照顾。这么一来，贝贝每天放学都到李敏家住，与欣欣一起写作业、吃饭、玩耍。欣欣生性好动，总是坐不住，学习时还常常走神，一会儿抠抠这儿，一会儿摸摸那儿；贝贝文静稳当，做作业时总是专心致志，从不三心二意。

贝贝的学习成绩比欣欣好很多，李敏看贝贝这么听话，自己的孩子却调皮捣蛋不好好学习，不由得着急起来。一天，两个孩子放学回到家中，贝贝就到屋里开始写作业，欣欣却打开电视机看起动画。

李敏看到这种情形气得火冒三丈，“啪”的一声关上了电视机，大声说道：“快去写作业！”欣欣撇了撇嘴进屋写作业去了。

大约过了 5 分钟，欣欣又跑了出来，大声喊道：“妈妈，妈妈，我饿了！”李敏真的气急了，吼道：“赶紧去写作业，写不完你就别吃饭了！”结果吃饭前，欣欣没有写完作业，李敏真的没让孩子吃饭，欣欣委屈地哭个不停，最后还是爸爸为她说了好话。

转眼到了期末考试的时间，贝贝每科成绩都很优秀，都在 97 分以上，而欣欣却只有 90 分，有一科还考了 80 多分。李敏看到姐姐的女儿如此优秀，自己的女儿却这么差劲，她没能控制住自己的情绪，对欣欣大发脾气，还说了许多不该说的话，比如“你真是笨死了，不知道你像谁了这么笨！”“考这么低分，看你以后怎么考大学，考不上大学你就要饭去吧！”“你看看贝贝，比你强多了，你自己觉得好意思吗？”李敏没完没了地数落欣欣。

贝贝在一旁看着李敏和欣欣，这一次李敏真的伤到了孩子的自尊心，欣欣心里非常难受，也感到很没“面子”，心想，自己也许真的是个笨蛋。从那以后，欣欣每天都不怎么说话，更不理李敏和贝贝，她还在自己的练习本上写道，我恨你们！我讨厌妈妈！李敏看到孩子写下的话伤心极了，对自己之前的做法有些后悔，她哄欣欣，欣欣却狠狠地说：“你不是我妈妈，我讨厌你！”

李敏的做法确实不妥当，孩子的自尊心一旦受了伤就很难修复，如果她能选择正确的方式，心平气和地教育欣欣好好学习，结果就不会是这样。所以，妈妈们不要随便拿别人的孩子与自己的孩子做比较，因为每个孩子的性格都不相同，他们各有千秋，谁也不能肯定地说某一种性格绝对得好或者不好。

所有的孩子都有自己的优点也有自己的缺点，他们有自己擅长的方面，也有不擅长的方面，难道例子中的贝贝就没有缺点吗？一定有，只是李敏没有看到而已。

妈妈们如果总是用别人孩子的优点和自己孩子的缺点相比较，那么在你们眼中自己的孩子永远都是最差的。而且妈妈们应该注意，即使自己的孩子做得不对，也应该私下进行教育，告诉他怎么做才是正确的，当着别人的面疾言厉色地批评和贬低孩子，不但解决不了问题，还会适得其反，损伤孩子的面子，这样对孩子没有半点好处。

晓琳的侄子叫小杰，学习成绩一直特别优秀，今年他被保送读博士。其实小杰在高考时没有发挥出平时的水平，成绩不是自己想象中的那么理想，当时很多老师和同学都替他惋惜，甚至还有人幸灾乐祸。那时的小杰心情很低落，但是他没放弃，大学4年一直保持全系第一名的好成绩，还在各项比赛中获得了优异的成绩，所以毕业时就被保送了。

当小杰得知这个好消息后，心情万分激动，于是他有感而发，在自己的朋友圈上写了一篇文章，讲述了自己这些年的经历。晓琳和自己的儿子小宇一起看小杰的这篇文章，看着看着，晓琳哭了，还唉声叹气地说自己的孩子怎么就没有小杰有出息。

妈妈不经意间的举动和话语深深地伤害了儿子小宇，儿子没说什么默默地走出了房间。几天来小宇都闷闷不乐，他也觉得自己没用，后来小宇迷上了网络游戏，整天坐在计算机前玩，晓琳喋喋不休地责备儿子，还动不动就提起小杰的事情，终于有一天小宇气急败坏地对妈妈说："我就是这么没出息，你爱怎么说就怎么说吧！"

又是一个拿自己孩子与别人孩子做对比的反面例子，其实生活中这种例子不胜枚举。妈妈们应该警惕，注意教育孩子时的说话方式，不要连自己伤害了孩子的自尊心都全然不知。

此外，有些妈妈经常嘲笑自己孩子的缺点，这种做法对孩子的打击是最大的。妈妈们有时候会这样说："我看你什么事情都做不好，就是一个笨蛋！""你连这么简单的知识都不懂，真是没用，我都替你丢脸！"等等。我相信妈妈们一定不会看不起自己的孩子，她们的初衷一定是想激励孩子，让孩子改正缺点，但是她们确实选错了方式。

孩子做错事情的时候，心情本来就很沮丧，他们更多的是希望妈妈给予自己安慰和鼓励。但这时妈妈不但不安慰孩子，还嘲笑孩子的缺点，责备孩子的不是，孩子自尊心就会受到极大的伤害，他们会感觉自己受到了屈辱。

连自己的妈妈都看不起自己，谁还能看得起自己。孩子会对周围的一切感到失望，消极心理一旦产生，他们也许会变得萎靡不振。

研究发现，小时候受到父母嘲笑和讥讽的孩子，长大后会变得胆小怕事，缺乏自信，做起事情来前怕狼后怕虎，没有魄力。嘲笑孩子缺点的后果是不可想象的，轻者使孩子自暴自弃，抱着一种“破罐子破摔”的态度做事；重者使孩子产生报复心理，走上犯罪的道路。这绝不是危言耸听，现实生活中确实有这样的案例发生。

妈妈们究竟应该怎么做才能发扬孩子的优点，弥补孩子的缺点和不足呢？答案有两点：第一是赞扬孩子的优点，鼓励孩子改正缺点；第二是培养孩子的自尊心。

在“赞扬孩子的优点，鼓励孩子改正缺点”这方面，妈妈们应该做到尽可能地多发现自己孩子身上的优点，并加以适度的赞扬，给孩子一种“自己并不比别人差”的感觉，这样做会增加孩子的自信心，从正面激发孩子前进的动力。

谁都喜欢听到别人赞扬的话，孩子们更是这样，他们往往吃软不吃硬，处在青春期的孩子尤其喜欢和父母作对，这时妈妈们如果能给予孩子积极的赞扬，会发挥事半功倍的效果。对于孩子身上存在的缺点和不足，妈妈们应该尽量避免使用咆哮式的责骂方式，而是应该心平气和地指出孩子在哪些方面做得不对不好，并帮助孩子改正缺点，这才是对孩子最大、最积极的帮助。

在“培养孩子的自尊心”这方面，妈妈们应该注意以下两个问题：

1. 不要有意无意地伤害孩子的自尊心，打击孩子的自信心

妈妈们无论是有意的或者是无意的伤害孩子的自尊心、打击孩子的自信心都是不对的，也是不应该的。孩子在遇到问题时，最需要妈妈的帮助和关心，关键时刻妈妈的一句话可以挽救一个孩子，也可以毁掉一个孩子。自尊心受到伤害会使孩子变得自卑，总认为自己做什么事情都不如别人。抱着消

极态度长大的孩子不但感受不到人生的快乐，日后也很难获得成功。

2. 不要在别人面前批评孩子

很多妈妈都有一种错误的观点，她们认为在别人面前批评孩子可以更快更有力地促使孩子改正缺点。她们急于帮助孩子纠正错误，却忘了考虑孩子的感受，伤害了孩子的自尊心，结果孩子的缺点不但没有改正，还使孩子对自己产生了怀疑，造成消极情绪。妈妈们应该关起门来独自教育自己的孩子，没有别人在场，即使妈妈批评的话语重了一些，也不至于产生不可收拾的后果，当然，妈妈在批评孩子的时候应该讲究方式方法，不要随心所欲地对孩子放狠话。

妈妈们一定要切记，孩子年龄虽然小，但是他们也和大人一样是个有独立人格、有尊严、有思想的人，任何人即使是父母都不应该践踏他们的自尊心。

教育孩子是一门学问，需要一定的方式方法，采用不正当的刺激方式，不但不能使孩子按照父母预想的方向发展，还会造成某些不可想象的严重后果。无论孩子在任何时候，遇到任何问题，父母都应该给予孩子正面的、积极的引导和帮助。

妈妈先知道

妈妈们如果总是用别人孩子的优点和自己孩子的缺点相比较，那么在你们眼中自己的孩子永远都是最差的。而且妈妈们应该注意，即使自己的孩子做得不对，也应该私下进行教育，告诉他怎么做才是正确的。当着别人的面，疾言厉色地批评和贬低孩子不但解决不了问题，还会适得其反，损伤孩子的自尊心，这样对孩子没有半点好处。

第四章

树大并非自然直，
好孩子是教出来的

第一节 家庭环境对孩子成长至关重要

妈妈心态：找个好学校比什么都重要。

孩子状态：糟糕的家庭环境严重影响了学校教育的成效。

对孩子的成长、发育影响最直接、最持久、最深刻的是孩子所处的家庭环境。这是因为家庭环境是孩子出生后所接触的第一个环境。同时，孩子大约有2/3的时间是在家中度过，与家庭成员的关系也是最密切的。

人人都知道，家庭是孩子成长的第一环境，是孩子成长、发育的第一所学校。因此，家庭环境对孩子成长的影响是决定性的，有什么样的家庭环境往往就会造就什么样的孩子。换句话说，良好的家庭环境是孩子成长的重要载体。正因为如此，妈妈必须用自己最大的努力，为孩子塑造一个良好的成长环境。

建立一个良好的家庭环境对于孩子的健康成长尤为重要。也许有人会说："我的经济能力有限，很难为孩子创造出特别优越的家庭环境。"其实，良好的家庭环境并不意味着拥有人人羡慕的硬件条件，只要是温暖的、幸福的家庭都会促进孩子健康的成长。

犹太父母非常注意家庭环境的营造。尽管犹太民族在四五千年的历史中，绝大多数时间都过着颠沛流离的生活。但是，每对犹太父母都竭尽全力地给孩子营造出温暖、幸福、和谐的家庭氛围。在他们的眼中，培养自己孩子成材的最重要条件就是良好的家庭环境。

犹太人非常注重家庭生活，每个工作日的夜晚，大多数犹太人都要待在家中，在家里用餐几乎是天经地义的事。一直以来，每个周五安息日的夜晚，犹太人都要阖家团聚在一起，点上蜡烛，共享美味佳肴。虽然紧张的现代生活使得人们吃得越来越简单，但是到了周五晚上，丰盛的犹太晚餐依然是必不可少的。

根据犹太教法，在安息日这一天的夜晚是不允许工作的。犹太人自古便发明了一种长时间炖煮的菜肴。他们将肉、菜豆、胡萝卜和马铃薯等放在炉火中慢慢煮，从周五开始，一直慢慢熬炖到周六的中午。周五下午，所有的犹太商店都会早早地关上门，全家人聚在一起度过美好的家庭生活。因此，绝大多数犹太孩子从小都是在温暖的家庭中长大的。家的意义从小就深入他们的内心深处，长大后，无论走到哪里，他们心中都有根。

世人往往只看到大多数犹太人的富有，但很少注意到犹太人的富有是有原因的。他们不仅从小接受金钱的教育，更重要的是，每一个犹太孩子都成长在幸福的家庭中，接受最真切的家庭教育。他们的富有并不是天赋，而是家庭孕育的。

在孩子的成长路上，他接触的家庭环境就是他最直接的学习对象。因此，不同的家庭环境，决定了孩子不同的未来和不同的发展方向。

明末清初，正值各地读书人纷纷进京赶考的时节。一位读书人欲赶赴京城参加考试，偏偏在这个时候，自己怀孕的妻子要临盆生产。

读书人心想，要是留妻子一个人在家，万一临盆生产，没有人照顾的话，很可能母子不保。另外，自己赶赴京城的路上也会一直惦记妻子。所以，他便带着妻子与自己一同上京，希望能在路上照顾她。

因为路途遥远，一路上舟车劳顿，也不知是否是动了胎气，还是肚子里的孩子急着想早点出来。妻子竟然在半路就开始肚子疼，眼看就要生产了。

可是，这段路的住家极为稀少，走了好远才找到一处人家。读书人赶忙上前去敲门。这户人家的主人以打铁为生，正巧铁匠的老婆也正准备生产。读书人的运气还真是好，接生的产婆正好也可以为他的老婆接生。

过了没多久，读书人的妻子和铁匠的老婆各自生下了一个男孩，母子都平安无事。神奇的是，两个男孩竟是同年同月同日同一个时辰出生的。

一转眼，18 年过去了，读书人和铁匠的儿子都长大了。读书人的儿子继承父业，考上了秀才。读书人大喜之余，想起了铁匠的儿子与自己的儿子生辰八字是一样的，想必他也是个秀才了。

想起当年，铁匠一家人收容自己的老婆临盆之恩，读书人便准备了各种礼物，专程赶往铁匠的家中答谢，也准备向铁匠的儿子道贺高中之喜。

等到了铁匠的家中，只见老铁匠坐在自家的门前吸烟，屋里站着一个年轻小伙子，赤着上半身正忙着打铁。读书人将礼物送上，并问老铁匠的儿子去哪里了。老铁匠指着屋内的小伙子说：“他不就在那里吗？”

读书人诧异地说：“他？这可奇怪了，按命理来说，我们的儿子生辰八字都一样，理应此时都是秀才才对呀？”

铁匠大笑：“我儿子从小就跟着我打铁，大字也不识得一个，拿什么去考秀才呀？”

从这个小故事我们就可以看出，良好的家庭环境对于孩子将来的发展是何等的重要。

良好的家庭环境主要包括爱的氛围和智力的氛围两种。爱的温暖给孩子的全面发展提供了一个良好的心理成长环境，家庭中爱的氛围是催化孩子智慧之花茁壮成长的阳光，也是孩子个性健全发展的营养剂。

有一对父母接女儿放学回家，车开到半路，两人不知为何吵了起来。两个人越吵越凶，他们干脆把车停在路边讨论起了离婚的事。5岁的女儿坐在后排吓得不敢说话。

过了一会，妈妈忽然发现女儿居然坐在后排画起了画：两个大人冷冷地对立，中间躺着一个小孩儿。

“地上的小孩子怎么了？”妈妈问孩子。

“死了！”孩子说。

“这个小孩子是谁？”

女儿低头喃喃地说：“是丫丫。”

“你怎么会死了呢？”妈妈问。

沉默了一会儿，孩子说：“因为爸爸妈妈每天只知道吵架、离婚。”

父母俩惊愕地看着对方。原来在女儿的班级上，她看见那些单亲的孩子总是郁郁寡欢，她害怕自己也像他们一样。因而觉得父母吵架、离婚后，自己就好像被丢在了荒野上，等待着死亡。

丫丫在无意间用一幅画来泄露了她的心声，也让父母实时警觉：孩子在成长的路上，最需要的就是安定、安心、安全的成长环境与父母完整的爱。当着孩子的面，爸爸妈妈一定不要频繁吵架，家庭成员之间的关系也不能过于紧张，要相互信任与体贴，以免给孩子的精神上带来阴郁与苦闷。

家庭的智力氛围，就是父母对知识的兴趣和追求，以及父母平时说话时的谈吐等等。这一切，看似与孩子的成长无关，但是却对孩子的智力发育发挥着重要的作用。古人说，木匠的孩子早识绳墨；将军的孩子早识兵器；农民的孩子早识秧苗。可见家庭的智力氛围对孩子智力的发育，如同像春雨一样对孩子发挥着一种“随风潜入夜，润物细无声”的作用。

无论是历史上，还是现代社会，无数的事实证明为了孩子营造适合其成长的家庭环境，是父母所无法推卸的责任。因此，妈妈们应当立刻行动，为你的孩子创造温馨的家庭环境。

当然，孩子的成长环境不仅包括家庭环境，还包括学校环境，尤其是学前教育的环境。随着现代人生活条件的不断改善，绝大多数父母都会将自己的孩子送入幼儿园。一方面弥补家长教育的不足；另一方面，解决与自己工作时间的冲突。

挪威幼儿园教育的方针就是尽量让孩子们接触自然，享受阳光，走出去玩，在美好的自然环境中成长。这个国家的幼儿园从不在孩子的幼儿园阶段上任何文化知识课，也从不要求所有孩子做同一件事。老师们最注意在游戏中教给孩子们技巧、方法，以及文明礼貌的举止。幼儿园特别注意对有绘画、音乐、体育等兴趣的培养，老师们总是不厌其烦地给孩子们指导与鼓励。每个星期，老师们都会带领孩子们去公园、博物馆或者美术馆等场所。

这是因为挪威人相信，给予孩子充分认识的自由，孩子们才能够最大限度地认清事物的规律，才能够去了解和认知。挪威人也从不认为那些爱听老师话，安静地坐在那里，只知道人云亦云的孩子是好孩子。

人的创造力是非凡的、无尽的，如果孩子从小就被父母的安排、老师的决定所束缚、所禁锢的话，他们最终也只能在狭小的范围内成长。

妈妈先知道

望子成龙的妈妈们，请你们现在就为孩子打造一个温暖、幸福、充满爱的家庭环境，并将孩子送到一个自由、鼓励挑战的学习环境中去。假如你的孩子是在这样的环境中成长，也许长大后他并不一定成为伟大的ＸＸ家，但他一定是一个充满爱、懂得人生、出类拔萃的人。

第二节　告诉孩子，捍卫你的梦想

妈妈心态：不要每天做白日梦，好好学习。

孩子状态：生活不再是多姿多彩，而是一片灰色。

伟大的诗人纪伯伦说过："我宁愿做人类中有梦想和有完成梦想愿望的、最渺小的人，我也不愿做一个最伟大的无梦想、无愿望的人。"面对孩子们诸多看似可笑的梦想，很多父母都会说那是不切实际的，但是他们忽略了最重要的一点：正是因为有了梦想，不切实际才有可能成为现实。

每个孩子从小都有一个属于自己的梦想，也许这些梦想在父母以及老师的眼里是那么的不切实际，那么的遥远。但是，谁又能保证你的孩子就一定不能实现自己的梦想呢？谁又有资格告诉孩子：你的梦想绝对不会实现呢？父母在孩子的生命中，应充当的角色不是去粉碎孩子的梦想，而是给予孩子实现梦想的动力。如果你不能帮助孩子去实现梦想，那么至少你要支持他完成梦想。

每一个人都有一个梦想，包括现在身为父母的你。也许你自小的梦想因为这样或那样的原因而没有实现，你就觉得梦想是遥不可及的，是浪费时间的。

可是，你大错特错了。纵然梦想的实现需要诸多因素才有实现的可能。但是，你的不幸就一定是孩子的不幸吗？你的梦想无法实现，就能够成为你阻止孩子去追逐梦想的理由吗？特别是作为孩子第一任教师的妈妈，应该多给予孩子一些鼓励和支持，让你的孩子勇敢地云追寻自己的梦想。

一位从事数十年教育工作的老教师因年龄的缘故就要退休了，在整理自己的办公室的时候，他无意中发现了25年前自己带过的一个班级50位同学的作文。作文的题目是《未来我会成为什么样的人》。老教师拿着厚厚的作文，一页一页地翻看着，追忆着过去教导孩子们时说过的话，回想着当年那些可爱天真的孩子们说过的话。

老教师感慨着25年时光的匆匆流过，临退休的怅然开始慢慢弥漫。在翻看作文的时候，老教师的脸上浮现着笑容，他被孩子们千奇百怪的梦想所迷住了。

一位叫海德的学生写道：未来我会成为海军，因为有一次我在海里游泳的时候，喝了3升的海水都没有被淹死；一位叫兰迪的学生说：我将来必定会成为法国总统，因为我能背诵出30个法国城市的名字，而班里其他同学最多只能背出6个；最让人惊讶的是一位叫戴蒙的盲人学生，他说自己将来必定能成为英国的内阁大臣，因为英国历史上，还从没有一位盲人能够成为内阁大臣。

总之，50个孩子都在作文中认真地描绘着自己的未来。有希望当驯兽师的；有希望当飞行员的；有希望当厨师的。五花八门，应有尽有。

老教师读着孩子们的作文，突然有种冲动，去寻找这50位学生，看看他们现在是否实现了自己25年前的梦想。

英国的《太阳报》得知老教师的这一想法后非常感兴趣，这家报纸愿意免费为老教师在报纸的版面上刊发一则寻人启事。没多久，学生们的书信开始一一邮寄到老教师这里。当年的这些学生向自己的老师致谢，感谢老师这么多年依然保留着他们童年时的梦想，大家都希望得到那本作文簿，重温自己儿时的梦想。这些学生中有商人、有农民、有学者、有政府官员等。

老教师按照学生们的地址将作文簿一一寄了出去。一转眼，3 个月过去了，只有一个作文簿没人索要，就是那个梦想自己能够成为英国第一位盲人内阁大臣的孩子。老教师心想，也许可怜的戴蒙已经去世了吧！毕竟已经过了 25 年，这期间什么都有可能发生的。

就在老教师准备把这份作文簿送到一家私人收藏馆去的时候，内阁教育大臣寄来了一封信。信中说，那个叫戴蒙的孩子就是我，感谢您还为我保存着儿时的梦想。不过，我已经不需要那本作文簿了。因为从那时起，我的梦想就一直深深地印在我的脑海中，我从没有放弃过。25 年过去了，可以说，我已经实现了我儿时的梦想。今天，我还想通过这封信告诉其他 49 位同学，只要不让儿时的梦想随着岁月流逝，实现梦想的一天终究会来到你的面前。

内阁大臣的这封信后来发表在《太阳报》上，作为英国有史以来第一位盲人大臣，戴蒙用自己的行动证明了一个真理：假如你能把 15 岁时想成为内阁大臣的梦想保持 25 年的话，那么你一定能成为内阁大臣。

25年的时光，是一个极其漫长的过程，谁能具有坚持25年不变的意志呢？可能绝大多数人无法做到这一点，只有那些坚持不懈为梦想而奋斗的人，他们永远不会因为其他的原因而改变自己的梦想，也永不因任何艰难困苦而改变一丝成就梦想的信念。

有了梦想，才会有期望，有了期望，才会有拼搏与进取。守住孩子的梦想，鼓励孩子勇敢地向着自己的梦想走下去，最终就会比别人提前到达成功的彼岸。

没有人能够随便保证别人的生命中会出现什么，不会出现什么。即便是给予孩子生命的父母也不能向自己的孩子保证。作为一个好妈妈，你应该告诉你的孩子，除了要有超越生命某个阶段束缚的梦想外，还要有对梦想持之以恒的追求与捍卫精神。梦想是人类最伟大的思想，对于妈妈来说，如何让孩子保持住对梦想的追逐，如何让他实现自己的梦想才是最重要的。

有多大的梦想，才可能有多大的成就。人没有梦想是不行的，没有梦想，阿姆斯特朗就不可能登上月球；没有母亲对班杰明梦想的呵护，就没有他后来的成就。对于孩子来说，总是面对父母对自己梦想的打击，就无法有所成就。

许多年前，一位贫穷的牧羊人带着两个年幼的儿子，靠着为富人家放羊来勉强维持生活。一天，当他们赶着羊来到一个山坡的时候，儿子们看见了一群大雁，鸣叫着飞过头顶，并很快就从众人的视野中消失了。

牧羊人的小儿子问父亲：“大雁要往哪里飞呀？爸爸。”

牧羊人回答道：“为了度过寒冷的冬天，大雁们要飞去温暖的南方过冬。”

大儿子眨着大眼睛天真地说：“要是我们也能像大雁一样飞起来就好了，我会比大雁们飞得还要高，我要去天上看妈妈。”

小儿子也对父亲说：“做一只会飞的大雁多好呀！可以飞到自己想去的地方，那样就不用放羊了。”

父亲沉默了一阵，认真地对儿子们说：“如果你们想飞，你们就一定能飞起来！”两个儿子试了试，可是并没有飞起来。他们用疑惑的眼神看着自己的父亲。

父亲说，“看着我是怎么飞的吧！”于是，父亲也用力地向天上飞，可是也没有飞起来。父亲说："可能是因为我的年龄大了，所以我飞不起来。你们还小，只要通过不断的努力，终有一天你们一定能飞起来，去任何你们想去的地方。"

两个儿子牢牢地记住父亲的教诲，为了实现自己的梦想，两兄弟从十几岁就开始在白天辛苦地去打工，晚上利用赚来的钱去学习知识与技能。随着知识的增长，他们懂得光凭自己的力量是无法飞起来的，要想飞到天上去，必须借助工具的帮助。

从20岁左右，他们就开始认真地学习飞行知识。他们渴望有一天能做出一副机械的翅膀，帮助他们实现飞天的梦想。经历了无数次的失败，两兄弟依然毫不气馁。他们的设计图纸修改了上百次，试验失败了数十次，最终人类历史上第一架飞机被他们制造了出来。这两个为梦想奋斗的兄弟，就是著名的莱特兄弟。

人类最可贵的财富就是对明天充满希望，让自己充满梦想。尽管这些梦想的实现面临着无数不确定的因素，尽管有些孩子的梦想永远都不能实现。但是，每一个人都有憧憬未来，怀抱梦想的权利，每个人也都有为自己的梦想投入自己全部努力的必要。

无数看似不切实际的梦想，最后之所以能够成为现实。就是因为梦想会使人的心中产生不懈进取的动力。作为一种最可贵的心灵动力，热爱生活的激情带给充满梦想的人一种执着的向往，会最大限度地激发人的潜能，进而实现自己的目标。

每个孩子天生都有梦想，梦想如同鸟儿的翅膀，如同鱼儿的双鳍，没有翅膀与双鳍，你就永远也不会知道自己究竟能飞多高，能游多远。一个人心中充满了梦想，就会每天沐浴在希望之中，并不断地创造生命的奇迹，完成那些看似不可能完成的任务。

亲爱的妈妈们，你们要意识到，对于一个充满梦想的孩子而言，你永远也不可能预测到他将通过何种的方式、途径去实现未来的人生梦想，获取属于他的成功。你要做的就只有一件事，那就是鼓励与帮助！只要是积极的、向上的梦想，你都要鼓励孩子去做、去实现。让孩子去实现自己的梦想，他往往能在那些所谓的“不可能”中找到一些可以献身的东西，并能最终实现自己的梦想。另外，要注意的是，孩子的梦想不分大小，都需要尊重。

妈妈先知道

梦想就像人体生长所需的微量元素和氨基酸一样，缺少了它们，营养就跟不上，思维就会迟钝。妈妈要试着给孩子的梦想插上翅膀，让孩子在无数个梦想中，充分发挥自己的想象力与创造力。

第三节 耐心妈妈教出好孩子

妈妈心态：你怎么这么笨！什么都学不会！

孩子状态：活在妈妈急切的催促中，无法建立自信。

家长的行为对孩子有很深的影响，培养孩子耐心的前提条件是家长应该先付出耐心，有耐心的妈妈才能教出有耐心的孩子。所以，妈妈们要为孩子发挥表率作用，耐心地对待生活中的每一件事情。

从心理学的角度上说，耐心是一种意志状态，是衡量一个人心理素质好坏的标准之一。耐心是一个人获得成功的关键因素之一，缺乏耐心的人往往缺乏坚强的意志和持久的毅力，当遇到困难和挫折的时候，这种人会很快放弃，做事情总是半途而废是永远不能获得成功的。

大多数孩子都缺乏耐心，这和他们的年龄有关系。但是妈妈们不要着急，耐心是靠后天的培养和磨炼获得的，只要妈妈们尽早有意识地培养孩子的耐心，从小磨炼孩子的意志，孩子就会养成做事情要持之以恒的习惯，并且会逐渐形成较强的心理承受能力。

很多家长脾气比较急躁，当孩子做不好或者做错事情的时候就会骂孩子，甚至会说一些类似于“你怎么这么笨！什么都学不会！”的话来伤害孩子。

家长越发脾气，孩子越慌，不但事情做不好，还会丧失自信心。所以当孩子犯错误的时候，家长发脾气是没用的，而是应该先沉住气，心平气和地给孩子讲道理，帮助孩子改正错误。

家长的行为对孩子有很深的影响，培养孩子的耐心的前提条件是，家长应该先付出耐心，有耐心的妈妈才能教出有耐心的孩子。很多孩子缺乏耐心的原因在于他们的父母做事情总是半途而废，这样孩子就会跟着家长学。家长要为孩子发挥表率作用，做一个好榜样，要有耐心地对待生活中的每一件事情。

于先生的儿子今年8岁，聪明伶俐、活泼开朗。但是儿子有个缺乏耐心的坏毛病，做事情总是虎头蛇尾。为了帮助儿子改掉这个缺点，于先生打算从自己做起，用自己的行动影响儿子。

儿子平时学习的时候总是不专心，于是于先生就想到了和孩子一起学习的办法。每天晚上，儿子写作业，于先生就在旁边看书，并且聚精会神，不喝水也不上厕所。开始时，儿子总是一会儿做做这个，一会儿做做那个，于先生就告诉儿子写作业要专心，做完一件事情再做另一件事情。再后来，儿子怕爸爸批评自己就不敢有什么小动作，但是这时孩子还只是处于一种害怕受到批评的心理，并不是发自内心地想要专心学习。渐渐地，于先生发现儿子学习的时候不再三心二意了，而是真正地投入，于先生感到很高兴。

儿子体型有点偏胖，为了儿子的健康，于先生决定每天早晨和孩子一起跑步锻炼身体。刚开始的几天，儿子因为新鲜感还跑得挺起劲，可是一星期后儿子就坚持不住了。每次于先生叫儿子起床都很费劲，他总是磨磨蹭蹭不起来。

一天，儿子和于先生商量能不能取消晨跑这项活动。于先生语重心长地对孩子说："儿子，爸爸让你晨跑一方面是为了锻炼你的身体，使你更加健康；另一方面，爸爸想培养你的耐心。你必须清楚地知道你缺乏耐心这个缺点，要知道长大后想做大事，就必须有足够的耐心和持久的毅力。一个人不可能轻而易举地获得成功，当困难来临时，你会怎么选择？如果你没有耐心，你就会轻易地选择放弃，总是放弃永远都不能成功。你不要小看晨跑这件事情，它虽然不是什么大事，但是能坚持下来也不容易。如果你能把这件事情做好，你就获得了人生中的第一次成功。"儿子听完爸爸的话并没有说什么。

第二天，儿子一反常态地先起了床，于先生感到意外，问道："今天怎么自己主动起来了？"儿子说："爸爸，我昨天睡觉前想过您说的话了。我一定要改掉缺乏耐心的坏毛病，就从坚持晨跑做起。"于先生满意地拍了拍孩子的肩膀，父子俩一起去跑步了。

从上面这个成功的事例中，我们不难看出，家长在培养孩子耐心的时候一定要给孩子讲明白耐心的重要性和缺乏耐心的坏处。很多孩子都有"听风就是雨"的习惯，新鲜感支配他们快速地开始做某件事情，可是当新鲜感消失后，孩子们就会失去继续做这件事情的兴趣，注意力会转到另一件事情上。所以家长们应该告诉孩子做事情要有计划，如果孩子决定做一件事情就一定要做到底，一件事情还没有做好，就开始想做另一件事情，最后的结果一定是两件事情都做不好。

家长们应该让孩子明白，个人的成功与耐心是密切相关的。由于年龄小，孩子缺乏的东西还很多，他们更加需要父母的帮助。教育孩子是一件苦差事，家长们必须先拿出足够的耐心。发现孩子身上的缺点和不足时，家长们不应该不分青红皂白地责怪孩子，而是应该耐心地教育和引导孩子。孩子如果缺乏耐心，家长就要帮助孩子建立耐心。

有些孩子很任性，提出的要求妈妈必须立刻答应，如果不答应他们就会又哭又闹。这时候妈妈们应该怎么做呢？假如妈妈们总是立即答应他们的要求，他们就会对你们的做法形成习惯，慢慢地他们就会缺乏耐心。妈妈们应该控制住自己，不要急于满足孩子的要求，要让孩子学会等待，这是培养孩子耐心的关键。

媛媛今年 4 岁，是个特别任性的孩子，平时总是以哭闹的方法让爸爸妈妈满足自己的各种要求。

有一天，媛媛肚子饿了，让妈妈给她做自己最爱吃的蒸蛋。妈妈刚把蒸蛋放到锅里蒸上，媛媛就跑到厨房来说："妈妈，我饿了，现在就要吃蒸蛋。"

"我刚蒸，还没熟呢，你再等一会吧！"妈妈说。

"我不，我就要现在吃！"媛媛噘着嘴说道。

"蒸蛋还没蒸好呢？你怎么吃呀？冰箱里有小火腿肠，你先吃点吧。"妈妈说。

"我不，我不嘛，我就要吃蒸蛋。"媛媛又开始像以前一样哭闹起来，她想妈妈一定会答应自己的要求。

可是这一次妈妈没有答应她，并且决定要改改女儿的坏毛病。为了让女儿学会等待，妈妈把媛媛带出了厨房，而且不再理她，任她哭闹。

5 分钟过去了，媛媛又跑到厨房里，气急败坏地对妈妈说："我现在就要吃蒸蛋。"

这时，蒸蛋其实已经做熟了，但是妈妈并没有马上给媛媛吃。妈妈为了培养孩子的耐心，就让媛媛再等一会。妈妈对女儿说："蒸蛋熟是熟了，但是你必须再等一会儿，因为它现在还很烫。"

媛媛边哭边说："我不怕烫。我必须现在就吃。妈妈是坏蛋。"

妈妈没有理媛媛，转身走出厨房，开始做起别的事情来。媛媛看自己没有得逞，气呼呼地跑到自己房间，关起门来继续哭。

又过了5分钟，妈妈走进厨房，把搁凉了的蒸蛋端出来放到餐桌上，然后走到媛媛房间门口敲了敲门，说道："媛媛，蒸蛋已经凉了，可以吃了。"

媛媛没有回答，也没出来。妈妈决定不哄她，也不再理她了，继续别的事情。不一会，媛媛从房间走出来，坐到餐桌前吃起了蒸蛋。

对待缺乏耐心又比较任性的孩子的时候，妈妈们一定要先学会坚持，不管孩子使用什么方法，妈妈们都不要妥协，即使是很小的让步也是不可取的。妈妈们的心比较软，孩子一哭闹，妈妈们就会觉得孩子可怜，但是如果妈妈们每次都对孩子的要求做出让步，孩子就会得寸进尺，这样更不利于锻炼孩子的耐心。那么，妈妈们是不是应该粗暴地训斥孩子呢？这样做也是不正确的，因为这会伤害到孩子，进而使孩子产生叛逆心理。妈妈们不但要让孩子学会等待，更要让孩子明白为什么要等待。

妈妈们可以通过生活中的很多小事情来培养孩子的耐心，比如，让孩子自己整理房间、帮助妈妈洗碗、洗自己的内衣裤等等。一开始，孩子们会不情愿，做这些事情时不认真，抱着随便的态度。妈妈们要实时纠正孩子的错误心态，告诉孩子无论做什么事情都要有足够的耐心，耐心地做好小事情以后才能做好大事情。妈妈们还要记住，当孩子耐心地做好一件事情时，一定要给予孩子肯定，妈妈们的表扬是孩子取得更大进步的动力，有助于孩子养成好的习惯。

培养孩子的耐心与培养孩子的自控能力是密切相关的，妈妈们应该重视对孩子自控能力的培养。让孩子形成良好的自控能力可以从"延缓满足"的练习开始。所谓"延缓满足"其实就是不要立即同意孩子提出的要求，让孩子学会等待。孩子一旦形成了良好的自控能力，就会变得有耐心、有毅力。

耐心的培养是一个循序渐进的过程，妈妈们不要操之过急。妈妈们培养孩子耐心的过程其实也是培养自己耐心的过程，有耐心的妈妈才能培养出有耐心的孩子，妈妈们要与孩子共同进步。

妈妈先知道

妈妈们在培养孩子耐心的时候，一定要给孩子讲明白耐心的重要性和缺乏耐心的坏处。对待缺乏耐心又比较任性的孩子时，妈妈们一定要先学会坚持，不要急于满足孩子的要求，要让孩子学会等待，这是培养孩子耐心的关键。妈妈们可以通过生活中的很多小事情来培养孩子的耐心，此外，还应该重视对孩子自控能力的培养。

第四节　教孩子从小学习规划自己的未来

妈妈心态：孩子还小，有没有目标不要紧，树大自然直。

孩子状态：漫无目的的长大，毫无动力的学习，没有方向的成长。

俗话说，好的开始是成功的一半。妈妈在培养孩子的时候，如果能让孩子早日学会规划自己的未来，弄清楚发展的方向，远比一开始就埋头向前行进要来得有效率。

大多数的父母都是不加选择地为自己孩子的未来做着规划，这也是现代父母的一大毛病。这样一来，孩子就会在一个没有准确定位的人生道路上疲于奔命，将宝贵的成长时间浪费在以后不会用到的特殊技能的学习上，而真正需要投入时间的学习却因此耽误。

梭罗说："我们大多数人的生命都是在芝麻绿豆大小的事情中虚度，毫无算计，也没有值得去努力一生的目标，一生就在这样的恍惚中匆匆过去。"因此，在人生的道路上，做好选择，早做人生规划，有所取舍是必不可少的。选择什么，放弃什么，做个好的规划，是一门真正的艺术。人们常说，舍得，舍得，有舍才有得。有时，适时放弃就是成功的开始。教育孩子也是一样的道理，妈妈让自己的孩子什么都学，往往却什么都学不好，学不精；什么都想得到的后果，就是孩子最后什么都没有真正得到。

其实，妈妈要意识到，每个孩子都有自己的优点，这些优点便是孩子将来成功的关键。等到孩子能在成长的过程中，清晰地看到了自己的特长，确信能在某个方面取得成功时，他便开始迈向正确的人生规划之路。相反，如果妈妈只知道自己盲目地为孩子规划他的未来，看不到孩子真正的兴趣所在，最后肯定无法如愿以偿。大多数的孩子总是被教育去满足妈妈的期望，去适应老师替他塑造的模式，可是从来没有机会考虑自己有什么样的期望。

美国前副总统阿尔·戈尔和他的妻子迪帕一直牢牢记着这样一句话："做一只小狗都有目标，更不要说是一个人了。"这个小故事来源于一个小小的生活片段。戈尔夫妇打算领养一只宠物狗，让他陪伴两个幼小的孩子一起玩耍，另外还可以看房子。小狗被领养回来以后，他们就请驯狗师训练他。

听完夫妇二人的要求后，驯狗师一本正经地问道："你们打算让小狗达到怎样的目标？"

夫妇两人面面相觑，张大着嘴巴，说道："小狗还有目标吗？当然是让他做一只好狗了！"

驯狗师极其严肃地摇了摇头说道："每一只小狗都需要一个目标，没有目标的小狗是无论如何也训练不好的。"戈尔夫妇商量了一下，为他们的小狗确立了一个目标：白天陪孩子们在家里一起玩耍，夜里还可以看看家门。

驯狗师按照夫妻两人的要求，给小狗制订了适合他的规划，过了半个月，这只原本什么都不会的小狗，被成功地训练成了孩子们最好的朋友和家人的守护神。从这以后，阿尔·戈尔夫妇和孩子们再也离不开这只聪明乖巧、讨人喜欢的小狗了。

每一只小狗都有自己的目标，更何况是人了。有些妈妈常常不自觉地把自己的期望当作孩子成长的目标，总是很自然地为自己的孩子规划本该属于孩子的一切。这样的妈妈大多不晓得，等孩子渐渐长大后，无论妈妈的期望是多么美好，都不是孩子自己的，并且常常不能实现。只有妈妈的期望成功地移植到了孩子的内心深处，生根发芽，才可以成为孩子自己的目标。所以，妈妈需要做的是，帮助孩子试着为自己的目标去制订适合他自己的规划。

一个成功的规划并不是让你的孩子符合社会上正在流行的某一种追求。妈妈们的盲目攀比会暂时让她觉得，如果孩子能够做到现在社会流行的事会让自己很有面子。但是在满足你虚荣的同时，孩子一生的幸福也许就被你出卖了。如果妈妈想给孩子一个充实、自由的人生，那么就要给孩子选择自己规划人生的权利。

正是因为大多数妈妈“霸道”地为孩子们规划他们的一生，孩子们在成长过程中并没有花时间来了解自己真正热爱和需要的东西。

从前有一个渔民，常年下海捕鱼的他却没能练就一身捕鱼的本领。后来，渔民在每次出海捕鱼前都立下誓言：这次一定能捕捞到自己想捕的鱼，就算誓言不符合实际的情况，他也会顽固地坚持到底。

有一年春天，市场上墨鱼的价格一路飙升。渔夫敏锐地观察到了这一商机，便立下誓言：这次出海我只捕捞墨鱼，其他种类的海产品一概不要。下定决心后，他便信心十足地出海了。当时，大多数的渔民都在捕捞墨鱼，以至于海里能够捕捉到的墨鱼少之又少。这个渔夫捕捉到的大多都是螃蟹，可是他荒唐地把所有的螃蟹都放了，结果到了傍晚该回岸边时，渔夫也没有捕捉到墨鱼。

当渔夫上岸才发现，第二天市场上螃蟹的价钱甚至是墨鱼的两倍。渔夫后悔不已，发誓下次出海只捕捞螃蟹。

第二天出海，渔夫一心一意地想捕捞到足够多的螃蟹，可是这一次网里捞上来的却全是墨鱼。跟上次一样，固执而又不知变通的渔夫放生了所有的墨鱼。一天就这样过去了，到夜晚时他的网里依然一只螃蟹也没有，再次两手空空地回到了岸上。

晚上，失望的渔夫开始反思自己的行为，经过思考和分析，他再次下了决定，下次出海，无论是螃蟹还是墨鱼，他都要捕捞回来。

可是，意外的是，第三次出海，渔夫竟然一只墨鱼与螃蟹都没有捞到。无论在哪里撒网，打上来的都是一堆堆的青鱼。渔夫认为自己要的是墨鱼和螃蟹，青鱼根本就值不了几个钱。结果，他又把捕捞到的所有青鱼放掉了。傍晚再次到来，渔夫依旧两手空空。

因为生活无以为继，没有多久渔夫就在自己所谓的“誓言”中饿死了。

这个小故事告诉我们，无论你是什么人，也无论你是什么职业，都不应该漫无目的地过着每一天。而一个成功的、有收获的人肯定是一个有目标的人。但是，有目标并不代表能成功，当你有了长远而切实可行的目标之后，要捍卫你的目标，为了目标不断地拼搏与努力。

很多妈妈都认为孩子还小，没有目标无所谓，等到了长大后自然会将目标建立起来。于是，孩子就在漫无目的中成长与学习，不懂得为什么要去接触生活中的一切，也不知道为什么要学习，如何去学习，学习的动力是什么。试想，在这种一无所知情况下成长起来的孩子能够成为一个优秀的人吗？

目标很重要，它往往决定一个人能否成功。但更多的时候，即使孩子有了目标，你也要让你的孩子明白目标与现实之间，往往存在很远的距离。要想获得人生的成功，最好让孩子试着自己做出决定，不要让他人的建议过多地影响你，因为只有孩子知道自己究竟想要什么。

妈妈要让孩子知道，清楚自己在做什么是最重要的，别人如何看待你的工作、爱好、兴趣、决定，这些都不重要。因为只有自己最清楚自己所作所为的重要性。我们必须依据自己的内心去评估自己一生的作为，他人的掌声与喝彩固然令人高兴，但最重要的还是自己对自己的评价与认可。同时还要告诉孩子，如果你知道自己真正需要什么，就没必要过多去征求别人的意见。在这个时候，任何人的建议都只会影响你对自我的判断。最好的办法就是忠于自我，勇于实现自己的目标，合理地制订适合自己的规划。

亲爱的妈妈们，请你们在教育孩子的时候多问自己几个问题：你培养孩子的目的是什么？你希望自己的孩子成为什么样的一个人？富翁？艺术家？企业家？演说家？孩子自己又渴望成为什么样的人呢？你的希望与孩子的渴望能够有契合点吗？

无论你希望他成为什么样的人，对于孩子来说，他真正需要做到的就是去做自己真心想做的事情，为了自己所想的事情去建立目标，并勇敢实现。

妈妈先知道

孩子们必须学会规划未来，根据现实情况不断地调整目标。无论如何，孩子不应该为不切实际的目标与愿望而努力。可是孩子还小，这个时候需要妈妈帮助自己建立正确的人生观，早日学会规划自己未来的能力。妈妈是孩子未来人生路的第一个指引者，帮助孩子制订恰当的目标，并且根据目标建立未来的人生规划，孩子才能更快乐、更充实、更成功地成长。

第五节　将孩子的求知欲引向正确的方向

妈妈心态：怎么这么多问题？尽想一些有的没的！

孩子状态：失去好奇心与求知欲。

爱因斯坦在自传中说：“我没有什么特别的才能，不过是喜欢追根究底追究问题的答案罢了。”其实，正是这种爱问问题、喜好钻研的精神，使得他在科学探索的道路上创造了如此伟大的辉煌。

一个好奇心强的人，总是用好奇的目光注视着周围的一切事物，从中捕捉自己需要的猎物，获取大量的知识。

教育的目的，就在于充分满足人的探求本能与好奇心。如果教育偏离了好奇心，这种教育也是失败的教育。求知欲是人类最珍贵的欲望之一，孩子正处于见到什么就想问什么的年龄，如果妈妈不懂得启发、引导孩子的求知欲走向正确的方向，将是一件非常遗憾的事。一个好妈妈应当懂得从小就培养孩子旺盛的求知欲，以使孩子能够自觉地、发自内心地去探求知识的宝库。

好奇心是孩子的天性，是孩子求知欲的一种反映，也是孩子智慧的火花。在一般情况下，孩子学习的兴趣往往和好奇心联系在一起，好奇心强的孩子平时总是爱问“为什么”，有的妈妈由于不了解，把这些问题当作是捣乱、淘气，因而对孩子提出的问题往往用冷淡、搪塞、漫不经心的态度去对待。这种做法有损于孩子的成长，会挫伤他们求知的积极性。妈妈要知道，孩子的智力正是在好奇——满足——好奇的循环中得到发展的。

对于求知欲旺盛的孩子来说，最大的快乐莫过于学习到未知事物的奥妙，而揭开这些让他们觉得“怪怪的”问题之后所体验到的那种愉快与满足，反过来又刺激他们新的探索兴趣。作为妈妈，不仅要尊重、保护、正确引导孩子的求知欲，还要努力激发他们更多的求知欲，使孩子那可爱的好奇心发展为强烈的求知欲。对孩子提出的古怪问题，妈妈要认真地答复，就算答不出，也要告诉他：“这个问题等妈妈弄明白以后，再告诉你。”

但是，请你切记事后一定要兑现。千万不要对孩子的求知欲给予敷衍，这样不仅会抑制孩子好奇心的发展，还会影响妈妈在孩子心目中伟大的形象，对以后的教育不利。

霍金是一位伟大的科学家，他对宇宙进行了深入的研究。他的著作《时间简史》被认为是现代最畅销、影响力最大的科普读物，而他也被认为是自爱因斯坦之后最伟大的物理学家。

小时候，霍金的爸爸有一架天文望远镜，每当夜明星稀的时候，他们父子就躺在房前的草坪上，用望远镜观察美丽的夜空，数着天上的星座。看见无数的星星，小霍金的脑袋里总是充满着各种各样的疑问。

“爸爸，为什么天上的星星不掉下来呢？”小霍金问道。

“因为我们的地球和太阳都只是这些星星中的一颗。而这些星星是在宇宙中相互围绕着旋转的，这样就构成了奇妙的宇宙。”

“我是妈妈生的，池塘是雨水构成的。那么，宇宙又是怎样产生的呢？”小霍金又问。

爸爸支吾了半天，面对着这个古怪而深奥的问题，爸爸也回答不上来，只得难为情地说：“亲爱的儿子，爸爸也不知道这个问题。也许，现在还没有人知道吧！你问的这个问题，我想已经超过了人类的能力了。”

“不，爸爸，一定有答案的。我相信宇宙也是由什么东西构成的。”小霍金固执地说着。

他望着满天的星星，幻想着自己飞上了天空，在五彩缤纷的夜空中翱翔。夜已经深了，妈妈和妹妹早已经回房间休息去了。小霍金却仍然坐在草地上望着满天的星星，他那小小的脑袋瓜里充满了各种各样的想法。

伴随着年龄的成长，小霍金依然爱问爸爸各种各样关于宇宙的问题。而爸爸也总是不厌其烦地为儿子尽可能地解释，并不断向孩子提出同样“古怪的问题”。

在爸爸的提问中，小霍金也不断地得到启发，深入着思考一个个为什么。就这样，小霍金深深地迷上了美丽的夜空。每到夜晚降临，他就拿着爸爸的望远镜出神地望着每一颗星星，独自一个人的时候就思考着各种不明白的问题。

爸爸看到儿子是如此的喜欢夜空、喜欢宇宙，就买了很多关于宇宙和夜空的书籍和图画。小霍金从这些书中一边识字，一边认真地翻看起来，并且对天文知识越来越感兴趣，立志要探索宇宙的奥秘。后来，小霍金根据自己的爱好，选择了物理学。

小霍金就是这样的孩子，好奇又好学，感兴趣的问题都一定要弄清楚。而小霍金的爸爸也在孩子的成长中扮演了重要的角色，他总是不厌其烦地回答儿子各种各样的问题，并不时地提出更深入的问题，引导孩子进行更深刻的思索。

小霍金没有辜负爸爸的期望，最后成了 20 世纪最伟大的物理学家之一。

求知欲是智慧的出发点和推动力，也是毅力与耐心的泉源。孩子总是有着强烈的好奇心，他们总是不停地问“天为什么是蓝色的？”“天为什么会下雨，是不是哭了？”“电话为什么会说话？里面是不是有一个小人？”“鸟儿为什么会飞？”“鱼儿怎么睡觉？”等等各种毫无道理、非常幼稚的问题。但是妈妈们千万不要嘲笑和斥责孩子这些看似荒唐的问题，耐心地告诉孩子答案才是正确的做法，即使你答不出孩子的问题，也要鼓励孩子自己去寻找答案。

小霍金正是在不断的好奇心驱使下，一步步成长为物理学家的。每个人在孩提时代都具有无限的好奇心，但这种宝贵的财富经常在我们成年后悄悄地消失了，这是多么可惜啊！最重要的是，绝大多数人并没有意识到它的消失带给我们的损失。孩子的好奇心是人生中最宝贵的心态，妈妈们只要正确地引导就能发挥出事半功倍的效果。

因为，妈妈们平时就要引导孩子，凡事都要多问几个为什么。回答孩子的提问时，对于大家认为理所当然的问题，要敢于提出自己的独特见解。经常激发孩子的求知欲，能使孩子不断地突破自我，拥有智慧。福特的妈妈正是这样的一个人，让我们学学她的做法吧！

福特在很小的时候，总是有着看似无限的、与众不同的好奇心，尤其是对于机械装置更是爱不释手。福特的好奇心特别强，以至于福特的爸爸只要一见到儿子回家，就立刻把所有的手表、闹钟等藏起来。因为这些昂贵的手表，在小福特的手里，往往会落得被“大卸八块”的命运。小福特找不到手表拆解，就把家里的农具也拆得支离破碎。

福特在自己的房间里藏着各种“秘密武器”。他的小柜子里整齐地摆放着钻孔机、锉刀、铁锤、钉子、螺栓等你能想象得到的各种工具。而这些东西都是他自己亲手做的。

小福特是家里公认的淘气鬼，但妈妈觉得不能扼杀儿子的好奇心，就去求当地的一位技工，请求他教小福特。这名叫阿德福的技工，总是喜欢详细而热情地为小福特讲解各种机械装置的内部构造与原理。

热衷于拆卸手表的福特，经常瞒着家人偷偷地溜到镇上，把脸贴在手表店的窗上，看店里的师父拿着小巧的钳子修理手表。有时看得入迷，他经常会忘记时间。后来，在妈妈的支持下，小福特开始收集一些坏掉的手表，自己进行修理。

不仅如此，妈妈还鼓励儿子按照自己的兴趣大胆进行实验，不要惧怕挫折与失败。福特非常感谢妈妈，晚年在自己的回忆录中写道："妈妈给了我巨大的勇气，她教会我忍耐与自律，这是我战胜苦难的法宝。她还教导我不要指望那些永远无法得到的东西。当我遇到困难时，妈妈还告诉我生活会给我带来许多烦恼，你经常会面临艰难、失败与痛苦，但是你必须好好做。因为只有这样，你才能将自己的求知欲变成实现梦想的动力。"

小福特的故事告诉我们：孩子的好奇心越旺盛，就越拥有非凡的天赋。妈妈们应当鼓励和保护孩子的好奇心，这是培养孩子的最佳途径。福特后来之所以能够获得那样的成就，不仅在于他的聪明与天赋，更在于妈妈对他从小的支持与鼓励。

在孩子的成长过程中，都会出现求知欲。面对成年人已经习以为常的世界，他们提出了绝大多数成年人没有想到、也回答不了的问题。但是这些问题却如同钻石一样珍贵。

妈妈们要欢迎并鼓励孩子提问，不能对孩子的古怪问题置之不理。平时，要在与孩子的接触中对其爱提问的优点表示赞许，并实时地正确回答孩子的问题。妈妈如果对孩子的提问反映积极，会使孩子的好奇心得到满足，并更加爱思考与提问。爱提问的孩子总是比那些被动接受知识的孩子更快更好地掌握知识。孩子的求知欲强，对特别想知道的事情自然记得快，了解得快。

让我们大胆地鼓励孩子自己去了解丰富多彩的自然和缤纷复杂的社会吧！让孩子大胆地提出所有想问的问题，然后引导他通过读书、观察、思考，去寻找正确的答案。

妈妈先知道

求知欲是知识生根发芽的土壤。当孩子的求知欲觉醒时，妈妈不应打击或者取笑孩子那些看似可笑的问题，而是应该鼓励孩子对事物充满无数的好奇心，让孩子对事物的好奇心早日觉醒，并引导孩子进行更深入的思索。当你的孩子不断向你提出或许很幼稚的问题时，请你一定要认真对待，因为，正是这些可笑的问题让孩子走上成功之路。

第六节　学习能力是可以教出来的

妈妈心态：学习好不好，就看孩子自己了。

孩子状态：不懂得如何学习，成绩越差越没信心。

孩子学习成绩的提高，不仅需要热情勤奋，坚强的意志，更需要正确有效的学习方法。妈妈对孩子进行学习方法、学习技能和学习策略的训练，是提升孩子学习效果的有效途径。

正确的学习方法是孩子高效、轻松学习的保障，在孩子学习的过程中发挥着重要的促进作用。有很多孩子平时学习很用功，可是学习成绩却怎样也无法提高上去。这类孩子成绩不好的原因在很大程度上是因为学习能力的不足。因此，如何培养孩子的学习能力是妈妈应该引起高度重视的问题。

掌握学习能力是孩子学习成功的捷径，它帮助孩子会学、巧学，能够做到活学活用，提高学习效率，实现事半功倍的学习效果。如果孩子没有掌握正确的学习方法，纵然付出再多的努力，效果也不会太好。低下的学习效率会使孩子逐渐失去学习的兴趣，进而直接影响知识的获取。

妈妈应该树立这样的观念：让孩子掌握正确而实用的学习方法，不仅能够快速提高孩子的学习效率，取得良好的学习成绩，还有助于孩子潜能的发挥与学习能力的提高。

耿琦的女儿在各个方面都发展得很好，在小学曾是同学学习的榜样。在女儿学有余力的情况下，耿琦让女儿跳了一级进入了中学。进入中学后，由于连续几次考试成绩不是很理想，以前那个出色的女儿开始变得沉默寡言了。耿琦在和女儿聊天的时候，孩子流露出了初中的学习没有小学有意思的想法，耿琦很震惊。

但是，耿琦并没有急于给女儿讲初中学习的重要性，也没有后悔当初让女儿跳级进入初中的事，而是站在女儿的角度，去思考女儿的问题。女儿的学习成绩落后，没有了过去的那种优越感和自豪，心理是难以平衡的。另外，耿琦也想，女儿暂时对于初中的学习方法还没有摸到门道，怎么会觉得有意思呢？

耿琦认为，女儿的关键问题是失去了以往学习的自信，只要唤回女儿的自信，帮助女儿尽快地适应初中的节奏，女儿一定能够学得好的。通过精心的准备，耿琦经常向女儿指出她自己想不到的正获得的进步，详细地帮助女儿复习每天学习的知识内容，引导女儿总结学过的知识。

当女儿的学习成绩有所好转后，耿琦开始教女儿课前预习、课后复习等学习方法，被动的学习变为主动的学习。孩子在主动的学习过程中重新认识到了自己的学习能力，对自己能学好初中的知识又重新拥有了信心。

耿琦从细节处帮助女儿恢复了在学习上的自信心，帮助孩子跨过了初中学习中遇到的障碍，使得女儿再次信心十足地投入在学习之中。

做什么事都应该讲究运用方法，孩子的学习自然也不例外。懂得了这个道理，我们才会重视对孩子学习方法的培养。耿琦帮助女儿掌握学习方法，使得女儿重新恢复学习自信的故事，可以给妈妈们一些有益的启示。

在现实生活中，大多数的妈妈没有意识到这一点，她们只是关心孩子是否在埋头学习，只要孩子玩，她们就会很生气，但对孩子的学习方法却较少在意。其实，好成绩绝不是单靠死记硬背式的苦读就能拥有的。只有掌握了正确学习方法的孩子，才能成为学习的佼佼者。

学习是一个人终生都要做的事情，一个人能否取得成功，能否获得生活的幸福，在一定程度上取决于他的学习能力。孩子的学习能力，取决于从小养成的良好学习习惯。妈妈们如果打算培养出孩子良好的学习能力，第一步应该从培养孩子的学习兴趣做起。孩子总是对周围的事物有着好奇心和浓厚的兴趣，只有对学习产生了兴趣，才可以顺势对孩子的学习能力进行强化。

有一位神童，他7、8岁的时候就已经能够熟练地掌握德语、法语、拉丁语等6国语言了，并且精通物理、化学以及数学。9岁的时候，他就考入了莱比锡大学，未满14岁就被授予哲学博士学位。这个小神童能够取得如此出色的成绩是与父亲良好的教育分不开的。

这位名叫维特的小神童并非如大多数人所想的每天坐在书桌前苦读书，其他什么也不做。用父亲的话说，小维特坐在书桌前的时间和其他正常孩子没什么区别。他也把大量的时间花费在玩耍与运动上，是一个非常健康活泼的孩子。之所以能够让自己的孩子既轻松愉快地学到如此丰富的知识，取得如此令人瞠目结舌的优异成绩，老维特有着自己非常独特的教育方法。他从不进行填鸭式的灌输，而是从唤起孩子的兴趣，然后根据孩子的兴趣进行学习方法的教育。

小维特在3、4岁的时候，老维特就经常带他去散步。每次散步的时候，老维特都要一边和小维特谈话，一边进行教育。比如在散步的时候，老维特会摘一朵野花解剖一下，向儿子讲解花的生长特点与各个部分的功能；有时会在花园里捉到小虫子，教儿子关于昆虫的知识。

老维特在儿子3岁半时就开始教他认字，为了让儿子认识更多的字，老维特会给儿子买来画册，生动地把里面的故事讲给儿子听。儿子多认识了几个字，老维特就会鼓励儿子，对儿子说："儿子真棒，这么复杂的字也能这么快学会，你可以试着经常写写认识的字。"

有时，看到儿子对某一个故事特别感兴趣，老维特会试着让儿子自己去读。他会故意"为难"儿子，儿子越是感兴趣，他越不给儿子讲这个故事。这样反而激发和唤起了儿子要认识更多字的想法，等到儿子有强烈的欲望后，老维特才会更主动地教他识字。

老维特对别人总结自己教育孩子的经验时说："我总是尽早地对孩子进行教育，我从不给孩子学习上的压力。相反，我会尝试着从培养孩子对于学习的兴趣入手，等到孩子建立了学习的兴趣后，我会使用各种灵活、巧妙的方法对孩子的兴趣进行刺激与深掘。引出孩子内心的学习动力，让孩子感觉吸收知识的乐趣如同吃美食一样。接下来，我会对孩子的学习方法进行不断地调整。鉴于孩子应该有一个快乐的童年，我总是希望孩子能在玩耍中掌握到足够多的知识，而不是一味地苦学。就这样，我的孩子比其他孩子更早地拥有了正确的学习能力。"

我们常常能够看到，很多妈妈为了让孩子拥有一项特长，将孩子大量的时间安排到各种类型的才艺班进行学习。对孩子进行兴趣培养是必然的，但是不应占据孩子大量玩耍的时间，过分勉强孩子，对兴趣进行培养会适得其反。在给孩子报名特长班之前，妈妈们最好清楚地知道孩子的兴趣在哪，根据孩子的兴趣去培养特长。切忌将自己的主观臆想当作孩子的实际兴趣，甚至将自己的兴趣强加给孩子。

为了提高孩子学习的积极性，充分发挥孩子的潜能与才智，使孩子在学习上能够取得好成绩，就必须提高孩子对于学习的兴趣。妈妈们可以先让孩子尝到学习带来的甜头，一边培养学习兴趣，一边让孩子一点点建立起自信。

当孩子的学习取得小小的进步时，就要对孩子进行鼓励与称赞。但是，学习的时间必须要控制在合理的范围内。因为孩子注意力集中的时间很短，如果一味地强迫孩子在很长的时间内进行学习，往往不能获得很好的效果。妈妈们与其在孩子的学习时间上斤斤计较，不如帮助孩子提高学习效率。

一旦孩子的学习兴趣建立起来，妈妈们就要开始对孩子的学习方法进行不断微调。让孩子早日掌握正确的学习方法，能够比其他的孩子在学习中走更少的远路。如果妈妈们能够这样去教育自己的孩子，那么孩子就会有很强的学习能力，自然会取得学习上的成功。

妈妈先知道

爱因斯坦曾经说过：“成功＝努力＋正确的方法＋少说空话。”这句话鲜明地道出了学习方法的重要性。所以，妈妈要特别注意帮助孩子掌握正确的学习方法，让孩子拥有学习能力，只有这样才能保证孩子的成绩得到进步。

第七节　言传身教，妈妈做个好榜样

妈妈心态：什么道理都会告诉孩子，但自己并没有付诸行动。

孩子状态：妈妈说话不算数，只说不做。

道德教育听起来似乎总是与宏大的说教、没完没了地唠叨联系在一起。其实，只有每一个家长都能意识到言传身教的重要性，孩子才能感同身受地将道理付诸实践。

有些妈妈总是抱怨，自己的孩子真是越大越难管了，你说他一句，他就顶两句，孩子好像最有理。还有的妈妈抱怨：在孩子面前很难树立起妈妈应有的威信，有时管孩子，孩子还说："你自己都不这样做，还反过来要求我"。其实，要想让孩子能够做到自己期望的样子，妈妈首先要从自身做起，从注意细节开始。

威信的树立是让孩子对妈妈产生一种信任感与尊重感，这种信任靠说教或者是打骂的方式都是无法建立起来的，妈妈的言而有信才是最重要的。妈妈对待孩子也要像对待成年人一样，有信誉，恪守"言必行，行必果"的原则。这样就会让孩子感到妈妈是说到做到的人，才能够自觉听妈妈的话，接受妈妈的要求。

妈妈要树立威信，将自己的孩子培养成一个优秀的人才。首先应该采取行之有效的教育方法，这就要做到对孩子多一些了解，多一些尊重。这样，妈妈的悉心教育才能真正改善孩子的行为，否则就谈不上有什么威信，也就无法达到希望的目的。

墨西哥前总统福克斯因诚实守信而受到人民的尊重，他一生做人的准则就是围绕着两个字：诚实。

一次，总统受到邀请去一所著名的大学演讲，一位学生问他："政坛上历来都是充满谎言，总统先生，请您回答，在您从政的经历中是否撒过谎？"

福克斯答道："不，我从来不撒谎。"

学生们在下面窃窃私语，有的甚至笑出声来，大家都不信任他。因为每一个政客都是对民众说他从来没有撒过谎。

福克斯继续慢慢地对学生们说："孩子们，在这个社会上，也许我很难证明自己是一位诚实的人。但是你们应该相信，这个世界上拥有诚实，它永远都在我们身边。下面，我想给大家讲一个故事：

有一位农场主人，觉得花园里的亭子太破旧了，就安排工人们准备将它拆掉。他的儿子对拆掉亭子很感兴趣，于是对父亲说：'爸爸，我想看看拆掉这座亭子的过程是怎样的，等我从寄宿学校放假回来的时候再拆好吗？'

爸爸答应了他。可是，孩子走后没几天，工人们就很快把亭子拆掉了。孩子放假回来后，发现亭子已经不见了。他极为失望，闷闷不乐地对爸爸说：'爸爸，你对我撒谎了，你是个不守信的人。'

父亲惊讶地看着儿子。孩子继续说：'你答应过我的，那座亭子要等我回来再拆掉的。'

父亲对儿子说：'儿子，我错了，我应该兑现自己的诺言的。'

父亲又招来工人，让他们按照亭子的样子在原来的地方再建造了一座。亭子造好后，他将孩子叫来，然后对工人们说：‘现在，请你们当着我儿子的面把它拆掉。’”

福克斯对学生们说：“我认识这位父亲，他并不富有，但是他却在孩子面前实现了自己的诺言。”

学生们问道：“请问这位父亲叫什么名字？”

福克斯说：“他已经去世了，但是他的儿子还活着。”

学生们继续问：“那么，他的儿子在哪里？他应该是一位诚实的人。”

福克斯说：“他的孩子现在就站在你们的面前，就是我。我想告诉大家的是，我愿意像我的父亲对待我一样去对待这个国家，对待这个国家的每一个人。”

台下掌声雷动。

当孩子长大后，随着人生际遇的转变，也许会产生与父母不一样的人生观、价值观，但妈妈可以给孩子打下一个牢固的基础，使孩子有意识地形成自己的新的价值观。有时候，孩子会记住自己的爸爸妈妈是如何勇敢地对待自身的缺点的，这种勇气与坦率会鼓励孩子终生，让孩子不致迷失方向。

每一个社会，每一个时代，都有自身对社会规范的独特理解。但无论是古代还是现代，国内还是国外，都有一些共有的对基本价值的尊重与遵守。这些基本的价值包括忠诚、诚实、勇敢、自律、公正和无私等。无论在家庭还是在学校，孩子们都在不经意间接受这些价值观的熏陶。学校中，老师更偏重于直接的灌输与纪律的约束。那么在家庭中，妈妈如何最有效地培养孩子的道德、价值观念呢？这个时候，妈妈的榜样力量就会发挥很大的作用。如果妈妈自己对此没有做好表率，就无法对孩子产生很好的教育效果，甚至会让自己处于尴尬的境地。

“孩子，我和你讲了许多次要守时守约，否则会浪费掉别人的宝贵时间，也会给别人留下不好的印象，你不这样认为吗？”

“不守时守约的确不好。不过，也没有什么大不了的。”

妈妈有些生气了：“怎么能说没什么大不了的呢？你养成这样的毛病，长大后会怎样呢？还有谁会相信你说的话呢？”

看见妈妈不断地责备自己，儿子也开始沉不住气了：“你都已经是大人了，不也是过得挺好的吗？没看见谁不相信你呀？”

“你这是什么意思？”妈妈不明白话题怎么就突然转换到自己的身上了。

“你大概忘记了吧，好几次你都答应来学校参加我们的活动，我都告诉老师你会来的，可是每次活动结束后我都看不见你的身影。你说这是不是不守约？”

“那是因为妈妈的工作实在太忙了，走不开，而且那些活动也不是非参加不可。”妈妈看到儿子有些愤怒甚至有些讥讽的表情时，尴尬地停住了谈话，不知道该如何收场。

当然，大多数的妈妈会认为这不是偷窃、害人的大事，自己工作忙，的确会有脱不开身的时候，答应孩子去参加学校里的活动不去也是可以的。但是，孩子会怎样看待这个问题呢？孩子可能得出什么样的结论呢？孩子可能会想：“噢，妈妈也不守约，大概不守约也不是什么大不了的事，自己也无须纠正这个所谓的缺点。”

如果孩子心中有了这样的想法，那无论多少次的教训，恐怕也不会发挥任何作用。再者，孩子可能会认为：“妈妈对别人倒还能守约，尤其对工作上的事，对我的事却不在乎，可见守约也要分等次，不必事事都守约，那么有时不守约也就不是错误了。”对于孩子这样的推理，我们又用什么道理可以有效地反驳呢?

在这个故事中，妈妈应当怎样挽回自己的错误、消除不良的印象呢?妈妈应该承认自己的错误，而且还应该有行动。妈妈可以这样去跟自己的孩子解释：“孩子，妈妈没有意识到自己的行为对你造成了如此大的影响。我当时的确有急事不能来，但我应当事先通知你，甚至去学校向你的老师解释。我真的很抱歉，你能原谅我吗?你们下一次家长会或者学校活动是什么时候?妈妈一定把工作时间安排好，尽量去参加你在学校的活动，好吗?”

古人云：“其身正，不令而行；其身不正，虽令不从。”妈妈自己要说到做到，才能在孩子的心中产生威信。一个妈妈在交流心得时说：“为了纠正孩子乱扔东西的坏习惯，我知道不能仅靠一遍遍地说教去改变他。我知道孩子是要看我的行动的，我就事事以身作则做给孩子看。”孩子看到妈妈的行为，自然会有样学样地进行模仿，同时也比较容易接受妈妈的要求。

我们可以想象一下，如果连妈妈自己都做不到的事情，却要求孩子去做到，孩子又怎么会听呢?要在孩子面前树立威信、让孩子达到你的期望，妈妈必须在生活的细节中以身作则，做出榜样。

绝大多数的妈妈只记得言传，却忽略，甚至没有意识到身教的重要性。其实，妈妈们要知道，孩子对于父母言语的理解往往受制于年龄与认知，而不能全部吸收。但是孩子却能在父母的行动中，以最快的速度进行直接地学习。如果妈妈们想教育出一个好孩子，要从现在开始意识到言传身教同时进行的重要性。

妈妈先知道

有些妈妈常常抱怨孩子不肯听话，但实际上，妈妈常常用自己错误的行动来抵消自己的教育效果，让孩子认为妈妈是说一套做一套，不必对妈妈的话认真，这样的妈妈就真的面临难题了。

第五章

拒绝平庸，
做个独一无二的“未来达人”

第一节　允许孩子自由畅快地翱翔

妈妈心态：无论什么事都要替孩子安排好。

孩子状态：永远像个牵线的木偶。

妈妈们在注重满足孩子的物质生活要求的同时，往往忽视了孩子的精神生活质量，其实孩子更渴望得到属于自己的空间，渴望自由，渴望独立自主。但妈妈们却总是强迫孩子过早地学这学那，使孩子们本来应该充满乐趣的童年，被无情地夺走了。

“现在的孩子生活多幸福，吃得饱穿得暖，个个都是父母的心肝宝贝，为什么他们还不满足？”一位妈妈这样抱怨道；“妈妈总是逼我做一些我不喜欢的事情，总是为我做主，我什么时候才能自己做主！”一个孩子这样抱怨道。其实大多数的妈妈和孩子都是这么想的，孩子不理解妈妈，妈妈也不理解孩子，这就是两者之间的“代沟”。

妈妈为了给孩子最好的生活，自己舍不得吃舍不得穿，到头来却得不到孩子的理解，不免有些伤心。可是妈妈们应该好好反思一下，造成这种局面的原因究竟是什么，自己到底有没有做错的地方，是不是经常强迫孩子做这做那，或者总是替孩子做主，很少考虑孩子真正的喜好和想法。

在日常生活中，妈妈们在注重满足孩子的物质生活要求的同时，往往忽视了孩子的精神生活质量，其实孩子更渴望得到属于自己的空间，他们渴望自由，渴望独立自主。如果妈妈细心观察就会发现孩子最快乐、最幸福的时候是他们得到精神生活满足的时候。孩子们希望能够自己安排自己的生活，不喜欢被妈妈随意摆布，但是妈妈们却往往意识不到这一点，总想从自己的角度出发，按照自己的意愿安排孩子的生活和学习。

让孩子自己安排自己的生活和学习、自己为自己做主的过程，对孩子来说其实是一个学习和体验人生的过程，妈妈们如果不让孩子经历这个过程，实际上在剥夺孩子学习的机会，这样做对孩子并没有好处。专家指出，从小由父母安排一切、对父母言听计从的孩子长大后往往自理能力较差，缺乏想象力和创造力，也缺乏对事物的判断和分析能力。这都是由于他们一直都按照父母的指示成长，错过了很多锻炼自己的机会，而这些机会又是他们今后成功的必要因素。

妈妈们总是强迫孩子过早地学这学那，大多数孩子在上学前甚至更早的时候就开始被迫参加各种辅导班，学习绘画、英语、钢琴等等一技之长，有的孩子甚至“身兼数职”。他们本来应该充满乐趣的童年，被妈妈们无情地夺走了，所以孩子们即使是吃好喝好也感觉不到真正的快乐和幸福。

丽丽今年刚上小学1年级，但是她从上幼儿园大班起，就开始听从妈妈的安排，每个周末都要去学习美术和小提琴，后来妈妈又给丽丽报名舞蹈班，说学习舞蹈可以提升气质。这么一来，丽丽完全没有节假日可言，别的小朋友都盼着周末的到来，可是丽丽却为此发愁。

丽丽其实一点也不喜欢学舞蹈，每次练功压腿的时候都疼得直掉眼泪，老师也认为丽丽的自身条件不适合学习舞蹈，但是丽丽的妈妈却固执己见，非让丽丽学不可。时间一长丽丽变得萎靡不振，一点都没有小孩子应该具有的活泼开朗的个性，总是少言寡语。尤其是每到星期五的时候，丽丽就显得焦躁不安，上课时经常走神。班主任老师注意到了丽丽的异常表现，就找丽丽亲切地问她是不是有什么不高兴的事情，丽丽委屈地向老师诉说了自己的苦衷。得知丽丽异常变化的原因后，班主任老师觉得有必要和丽丽的妈妈谈一谈了。

与老师谈话后，丽丽的妈妈不知道自己该怎么做了。一方面丽丽已经学了几个月的舞蹈，现在半途而废有点可惜；另一方面丽丽不愿意学舞蹈，总是为这事发愁，无形中影响了学习，这是妈妈不愿意看到的。

明明今年6岁，生性好动，妈妈为了能让儿子安静下来，也为了他能学到一技之长，就给明明报名学习弹钢琴。可是明明不喜欢弹钢琴，他喜欢足球之类的运动。妈妈为了让明明学习弹钢琴是骂也骂了打也打了，但是一点作用也没有，明明还是坐不住，每次都是哭天抹泪地央求妈妈。最后，妈妈想到了一招，她对明明说："宝贝，你听妈妈的话，如果你好好弹钢琴，妈妈就给你买你喜欢的遥控汽车。"

明明为了遥控汽车乖乖地弹起了钢琴，两天后他坚持不住了，说什么也不好好弹钢琴了，妈妈又开始连哄带骗……明明的妈妈为了让他学习弹钢琴可以说是无所不用其极，身心疲惫呀！但是明明真的能学下去吗？

生活中类似于上面的例子很多，妈妈们非让孩子学习一技之长，孩子总是不愿意；妈妈们为了让孩子听从自己的安排伤透了脑筋，孩子为了不学习自己不喜欢的东西又哭又闹，两边都很痛苦。难道对于这个问题就没有一个很好的解决方法吗？孩子不喜欢学习某种东西肯定有他的原因，妈妈们首先应该弄清楚这个原因，弄明白孩子究竟喜欢什么，不要总是按照自己的意愿为孩子安排一切。

妈妈们的想法并不代表孩子们的想法，而且妈妈们的想法也不一定就对孩子的成长有益。谁都不喜欢被人强迫，孩子们年纪虽小，但是他们同样有自己的思想，也有喜欢和不喜欢做的事情，妈妈们应该尊重孩子们的喜好。

我们经常听到这样的话：“你看邻居家的 ×× 都报名第二课堂了，你也得报！”“妈妈小时候特别喜欢钢琴，可是家里穷买不起，现在妈妈买得起钢琴了，所以你一定要好好学，完成妈妈的心愿！”“我们家没有大学生，所以你必须好好学习，考上大学！”……妈妈们不停地往孩子身上加各种各样的重担，把孩子压得喘不过气来，可是妈妈们为什么非要把自己没能完成的心愿强加给孩子呢？孩子被逼无奈地顺从妈妈的安排，其实心里是无比痛苦的。因此，妈妈们应该改掉强迫孩子做事情的坏毛病，多与孩子沟通，了解孩子真正喜欢的东西是什么，这样做才是真正地为孩子好。

现在很多孩子都失去了童年应有的乐趣，他们像是被关在笼子里的小鸟，不能自由自在地翱翔在天空中。妈妈们不仅喜欢安排孩子们的学习，就连他们怎么玩耍都要安排。妈妈们总是找各式各样的借口把孩子们关中家里，比如“外面社会太乱，不安全，还是在家玩吧”“出去玩会和小朋友打架，别人欺负你怎么办？”“现在坏孩子太多，别把你给带坏了！”……有人曾做过一项调查，其结果是60%左右的孩子经常被家长关在家中独自玩耍。

佳佳今年8岁，她说自己经常站在窗边看着楼下的小朋友们玩耍。她很想按照自己的意愿和他们一起玩，可是妈妈总是把她关在家里，只偶尔允许她出去玩。佳佳妈妈这样做的原因来自于网上的一则新闻，说一个小女孩在自家社区玩耍时被汽车撞死了。自从看到这则新闻，佳佳的妈妈就很少让佳佳出去玩了，大多数时间她都是自己做完作业，看动画片或者弹琴。佳佳十分不快乐，她不知道妈妈为什么要安排自己所有的生活，为什么自己就不能像别的小朋友那样无忧无虑地玩耍呢？渐渐地，佳佳把站在窗边看小朋友们玩耍当作一种娱乐，每当这时候她都感到很快乐。

妈妈把佳佳关在家中，虽然她是为了女儿的安全考虑，也有些太极端了。其实把孩子关在家中是一种错误的教育方式，这样做对孩子的身心健康和成长都是非常不利的。

1. 对孩子的健康有影响

孩子处在成长的时期应该多进行户外运动，呼吸新鲜空气，如果长期把孩子关在一个狭小的空间里，会使孩子的肺活量变小，四肢和肌肉得不到很好的锻炼，体力也跟不上，反应也会变得迟钝。

2. 对孩子的智力有影响

孩子长期待在屋里，不与外界接触，缺乏与人沟通，这样就会使孩子本应获得的信息量大大减少，不利于孩子的智力发育，也会抑制孩子的创造力和想象力。

3. 对孩子的个性发展有影响

如果孩子的生活环境过度局限于一个狭小的范围内，性格就会变得孤僻，心胸也会狭窄，不懂得如何和别人相处。此外，经常关在家中的孩子，由于受到父母过度的关爱，往往不能勇敢地面对挫折，性格比较懦弱，独立性也相对较差。

这样看来，妈妈们按照自己的想法把孩子关在家中是不利于孩子成长的，还会给孩子带来不少的危害。因此，妈妈们应该给孩子一定的空间，让他们多和大自然、社会接触。

孩子是在天空中飞翔的小鸟，而不是囚禁在笼子的小鸟。妈妈们要放开手脚，让你的孩子走出家门，不要过多的干涉孩子的自由。

妈妈们关心孩子的生活和学习是应该的，但是要把握一个合适的平衡，如果妈妈们按照自己的想法和意愿把孩子的一切事情安排得面面俱到，孩子无论做什么事情都要听妈妈的，这明显超出应有的平衡了。孩子是一个独立的个体，他们有权利独自安排自己的生活，妈妈们应该做的是在一旁为孩子做指点，实时地纠正他们的错误，而不是替孩子安排好一切。

妈妈先知道

无论是妈妈，还是一个合格的教育者，都应该打破“以我为主”的想法，而应该“以孩子为主”，尊重孩子的想法和选择，这不但是给自己松绑，也有利于培养一个乐观开朗的孩子。

第二节 创造性思维让孩子把握未来

妈妈心态：把你那些稀奇古怪的想法收起来！

孩子状态：变成茫茫人海中的普通人。

培养孩子的创新性思维是当前妈妈们应该关注的一个重点。因为在当前的社会里，一个没有丝毫创新性思维的人几乎没有生存的可能，更不用说发展的空间了。所以，要时刻注意培养孩子的创新能力，让孩子更好地把握未来。

孩子具有和自己身心发展水平相应的创造萌芽，他们的说和做，都具有“创造”的因素，因此应鼓励孩子创造性思维的萌芽和创造性活动的进展。

莱曼又惹祸了，他拆坏了妈妈一支崭新的手表，妈妈看到后十分生气，把莱曼狠狠地教训一顿，并把这件事向孩子的老师反映了一下。莱曼的老师不赞成妈妈这么做，风趣地说：“你将扼杀了世界上又一个‘爱迪生’！”

他和莱曼的妈妈交流说：“孩子的这种行为是创造性思维的一种作用力，你不该教训他，而应该为他的创造性思维创造条件，让他从小有动手的机会。”

“现在我该怎么做才是正确的？”莱曼的妈妈听了老师的话，开始向老师寻求解决的办法。

“不要紧张，我们应该采取措施补救。”莱曼的老师对这个问题提出了提议，“你可以尝试和莱曼一起把手表送到钟表行，让修表匠一边给你修表，一边告诉莱曼把表组装起来的步骤，然后告诉他手表的工作原理，那些修理手表的费用就当是教莱曼的学费吧，这样，莱曼的创造力就可以得到满足。”

世上哪位妈妈不希望自己的孩子能紧紧地把握住未来？莱曼的妈妈为了培养孩子好奇心，只好听从老师的建议，带着莱曼来到钟表行。她向钟表师父道明了来意，并请求他给莱曼说一些关于钟表的知识。

钟表师父在将手表修好的同时，还为莱曼上了一节生动的“实验课”。回家后，莱曼还按照师父的传授仔细琢磨钟表的工作原理，还找来许多材料自己研究了一番。妈妈看到莱曼这样的行为，心想，还好没有因为自己的冲动，而把自己的孩子毁了。

从那以后，莱曼的妈妈很注重对莱曼创造性思维的引导和创造力的培养，在给他添置玩具的时候常常给他买一些简单、容易拆装的，让他在拆装玩具时一边培养兴趣、一边增添知识。对于一些结构比较复杂，容易损毁的玩具，莱曼的妈妈还身体力行，并让他看清楚拆装的步骤。

妈妈在日常生活中还帮莱曼收集了许多旧手枪、玩具汽车之类的东西，为他提供拆装玩具的平台，渐渐地，莱曼养成了好习惯，他总是一边拆，一边思考，每次都十分小心地把一个个拆下来的零件放整齐，仔细研究内部的构造和原理，等琢磨清楚后再按照原来的样子安装好，遇到疑问就问妈妈，或者翻书本自己找答案。

于是莱曼的妈妈开始放手让他自己去体验。莱曼做得很出色，在琢磨和行动的同时，他尝到了劳动创造生活的甜蜜，体验到了成功的喜悦。

莱曼的一双小手变得灵巧了，他养成了善于观察、勤于实验的好习惯，还培养了创造性思维方式，这一切和妈妈的正确引导是分不开的。

孩子自从出生到这个世界上，对一切都会感到好奇，在孩子的内心深处对周围的世界都怀着一颗去追求和探索的心，在潜移默化中逐渐形成一定的思维方式和行事方式。在这其中，兴趣可以使孩子获得更多的体验，更重要的是孩子的思维方式在实践中得到了创造性地发挥，变成创造性地实践活动。

创造性思维是孩子创造精神的内在表现，是孩子专注于某一件事情而表现在外的情感表达。有一个妈妈在谈起自己孩子的创新能力时，讲述了一个与苹果有关的故事，这个故事让很多家长受益匪浅：

女儿悠悠今年4岁，是一个刚上幼儿园小班的小朋友。妈妈每天把她接回家的时候都会问她，在幼儿园学到了什么新知识、做了什么事情。有一天，还没有等到妈妈问她，悠悠就主动到妈妈跟前向妈妈报告幼儿园的“新闻”：“妈妈，我想让你看看苹果的心是长什么样的。”说完，她就拿出水果刀，同时从冰箱拿出一颗苹果，把苹果一刀切成两半。

妈妈一看，心里想：哎呀，怎么切错了！平时切苹果都是从蒂部切至底部凹处，但是悠悠却把苹果横过来拦腰切开了。只见她非常高兴地拿着切好的苹果说：“妈妈，苹果的心里面还藏着小星星呢！”让妈妈意外的是，从横切面看，苹果核果然显示出一个清晰的五角星形状。

对于很多人来说，都吃过苹果，正常状态下，大家都习惯于循规蹈矩地按“正确”的切法切苹果，谁会发现苹果里还藏着小星星呢？孩子能够不拘旧俗，就是一种创新，家长对这种能力一定要善于发现和培养。

不仅是对于切苹果的事情，很多第一次做错事的孩子，很大程度上也是因为出于好奇心或者出于疏忽而想了解更多生活中无法了解的事情，这些错误不一定是坏事，同时也是孩子们创新能力的萌芽。但是，由于一时丧失耐心，一些家长总是喜欢用旧的规矩来约束孩子，这样的结果便是把孩子的创新能力慢慢消磨掉。

在孩子的成长过程中，妈妈们经常会面临这样一些令人头疼的问题：孩子特别喜欢破坏东西，什么东西在孩子手里，没多久就能把它分成很多部分。有部分妈妈为了不让玩具受破坏，不让孩子随意摆弄玩具，更不许孩子将玩具分开。她们没有想到，这种做法虽然保护了玩具，却破坏了孩子的探索精神和创新能力。

妈妈的愿望一般都是希望孩子能够获得更多的知识，但获得了知识的目的是什么呢？当然是利用这些知识让自己的生活变得更好。怎样才能把知识运用得更好？是按部就班、因循守旧，还是发挥创造性思维面对更好的生活？回答当然是后者。

创新性思维就像是一双巨大的翅膀，孩子学到的知识运用的程度，依赖这双翅膀帮助他腾飞。要保护孩子的创新能力，首先应把重点放在培养孩子的自信心上，鼓励孩子相信自己的眼睛，使孩子悦纳自我，并努力让自我实现。有的妈妈喜欢孩子完全听自己的，说一不二，完全要求孩子按照自己的意愿行事，这样就会使孩子失去了独立思考问题的主动性。妈妈应给孩子发挥想象的空间，让孩子用自己的眼睛看世界。

其次，妈妈应该是个有心人，让孩子能利用每次机会发挥创造性思维。家里的各种家具，阳台上的小植物、小花草，车水马龙的街道，形态各不相同的建筑物，都可以在家长的启发下让孩子天马行空地发挥想象。

再次，允许孩子在一定范围犯错误。有的妈妈一面对孩子的错误，就教训、打骂，这种做法很容易让孩子丧失尝试和探索新事物的兴趣。

除了以上的分析以外，做妈妈的还必须知道，创造性思维的发散、创造力的培养需要一种内在的动力，它是对自己感到满意的一种自我报偿的精神反应。过分娇惯的孩子和放任自流的孩子都不可能有辛勤劳作的体验，也不可能培育出这种发自内心的精神反应。

妈妈先知道

培养创新性思维就是强化孩子未来核心的竞争力。在当下的社会中，培养孩子的创造性思维和增强创新能力显得尤为重要，它不仅可以开发孩子自身潜能，使学习成绩和自身的能力都得到最大限度的提高，而且对孩子走出校园、融入社会、迎接挑战、创造人生辉煌都有着巨大的影响。

第三节　人生就是勇敢者的游戏

妈妈心态：失败了不要紧，还有妈妈呢！

孩子状态：每次遇到困难总有退路，不知进取。

脆弱胆怯的孩子注定要咀嚼失败的苦涩，而坚强勇敢的孩子在人生的道路上往往会拥抱幸福和欢笑。

“怕”字当头，可以总结为眼下的孩子们比较普遍存在的心理疾病。包括日常的每一件小事，很多孩子上学了还不敢独自睡觉，不敢一人上学或回家，必须大人接送；不敢一个人在夜里走路，怕这怕那，甚至连自己的影子都害怕；甚至害怕与他人交往，对人际关系敏感，心怀恐惧；怕考试不能得满分，怕老师批评，怕同学笑话。很小的痛苦也会被无限地放大，逼得自己往死胡同里走，脆弱得经不起一点风雨。有这种惧怕心理的孩子，事情还没有做，就先把自己打败了。

在20世纪初期的美国，有一个为了生活而到处贩卖报纸的男孩。曾有一家餐厅把他赶走了很多次，但他站在原地，心里想着妈妈教育自己的话：“当你去做一件不会对你有任何坏处而只有好处的事情的时候，要勇敢去做，不要有任何顾虑，说做就做！”这样他便有了支撑自己的信念，坚持再次走进去，并且手里拿着更多的报纸。那里的客人都为他这样的勇气所感动，都觉得餐厅老板没有必要将他赶出餐厅，并且纷纷解囊买他的报纸。

当他初中刚毕业的时候，妈妈看见他在家里没有事情做，就试着让他在保险公司学习如何销售保险，在妈妈的指示下，他来到一座办公大楼前，但他不知道应该怎么迈开自己的第一步，不敢走进大楼。这时候，他就想起来每次面对问题时候妈妈鼓励的眼神，于是他鼓起勇气抱着卖报纸那时“不管被赶出来几次都要坚持下去”的念头从一间办公室走到另一间办公室，想方设法地劝说人们到保险公司投保人身伤亡损害险。他从底楼一直跑到顶楼，终于争取到两位客户。尽管成绩不是很理想，他却很有成就感，因为这是他第一次销售保险的成绩。

从数量而言，他不是个成功者。但是对于进入这个行业来说，是个新的突破，从此面对客户进行销售的时候有了很大的勇气，与客户沟通充满了自信，也不再因为别人的拒绝而感到难堪。

第2天，他卖出了5份保险；当到第3天，卖出的保险增加到了6份……

随着销售经验的逐渐丰富，他成功的概率也在日渐增加。这一年下来，他的兴趣更浓烈了，只要是空闲下来的时候，比如放假、学校不上课时，他就跑出去销售保险，他越做越顺利，最多的时候甚至能做到20多笔。

在他20岁的时候，他创立了只有他自己一个人的保险经纪公司。在开业第1天，卖出了60多份保险单。后来，他更是创造120份令人赞叹的纪录，以每天8小时计算，每4分钟就有一次成交。在不到30岁时，他已建立了巨大的公司，成为令人叹服的“推销大王”；20世纪60、70年代，已拥有个人资产4亿美元。他就是美国保险公司的董事长克莱门提•史东。

从上面的案例我们可以知道，“勇气”是克莱门提·史东获得成功的关键性因素，也是他能不断面对挫折，超越自己，不断前进的直接动力。

成功是勇敢者的游戏，而勇敢是一个人不可或缺的心理状态，正像歌德说的那样：“你如果失去了财产——你失去了一点；但是，你要是失去了荣誉——你就丢掉许多；你如果失去了勇敢——你就会把一切都失去。”可以说，勇气是一个人成就人生、立足于社会最重要的基础。如果在人生的道路上没有了“勇气”，孩子会难以面对自己人生路途上的风雨、以及在社会中将面临的风险。

那么，到底什么样的孩子才会是勇敢的孩子呢？勇敢的孩子一般都具有哪些特征呢？

首先是外向开朗，坦率直接。孩子能和人正常交往、突破心理障碍；做事情不优柔寡断、瞻前顾后；学习能力较强、效率较高；在长辈面前，大胆表达自己的观点；在他人有困难的时候，能够见义勇为，乐于助人，表现出崇高的道德感情。孩子所表现出来的勇敢不同于狂妄、自负、出风头，而通常表现出来的是睿智、灵活、沉稳、冷静，行动具有明确的目的性，并且雷厉风行，说做就做。

其次是意志力坚强，勇于向前。当孩子在独立面对困难的时候，比一般的孩子都能表现出更顽强的意志。有个孩子曾经在日记中写道：“摔倒了其实不可怕，可怕的是摔倒后不知道如何爬起来；波涛汹涌也不可怕，可怕的是在面对汹涌波涛的时候失去了信念。要知道，在希望与失望的决斗中，如果你用勇气去面对挑战，那么胜利必属于希望。”

再次是对生活有激情，并且有创新的意识。只要是生活中勇敢的孩子，往往不容易满足于现有的知识和成绩。孩子的思维总是表现出兴奋、活跃，他能抓住新的知识，归纳出自己独特的见解。

当然，在日常的生活中，妈妈还可以有意识地培养孩子勇敢的精神。

1. 对孩子进行榜样教育

妈妈可以给孩子讲一些不怕困难、不怕牺牲的勇敢者的故事，应该培养孩子勇敢的个性。如果孩子怕用电，你可以尝试和他讲美国科学家富兰克林发明雷电的故事；如果孩子害怕走路，你可以给他讲讲英国探险家斯科特征服南极的故事；如果孩子害怕面对失败，你可以和他说说美国大发明家爱迪生，经历了几千次失败最终发明了电灯，说说德国细菌学家埃尔利希怎么经过几百次的失败而发明一种新药。

2. 尝试让孩子多参加具有挑战性的活动

闲暇的时候，妈妈可以带孩子去旅游参观、登山，或到湖里去划船、游泳，通过这样的机会锻炼克服困难的勇气；去公园里玩，激励孩子走一走“勇者之路”，如独木桥、铁索桥；鼓励孩子参加体育锻炼，参加足球、乒乓球队，体育活动竞争性强，有助于勇敢精神的培养。同时，还可以让孩子多到“游乐园”去玩，锻炼他们的心理，锻炼他们的胆量。

3. 妈妈要用自身的经历且具备勇敢精神故事熏陶孩子

家里不管发生了多么不幸的事情，作为妈妈首先要冷静、沉着地处理，自己不要慌乱、惊慌失措。倘若妈妈都能勇敢沉着地面对一切风波，孩子也将会沉着勇敢起来；如果孩子对黑夜惧怕，晚上的时候妈妈可以带着孩子去散步，让孩子感受夜的静谧；如果孩子害怕在关了灯的房间待着，妈妈可以尝试和孩子一起在黑屋子里玩，尝试多次，孩子就再也不怕黑暗了。

4. 要多培养孩子自己生活的能力

妈妈要选择相信自己孩子的生活能力，让他在他力所能及的范围内自己动手做事情；在生活中遇到问题的时候要尽量解决，同时要培养孩子面对失败、百折不挠、勇敢顽强的精神，让孩子远离妈妈的怀抱，独立行走。有一次，一位学者到美国参观一家幼儿园时，见到一个小女孩正在很吃力地系鞋带，就对她说："需要我来帮你吗？"小孩回答说："你知道我几岁了吗？我都快 3 岁半了，我自己可以把鞋带系上，谢谢你！"这个充满自信的孩子一定是勇敢的孩子。

5. 鼓励孩子展开交友活动

有的孩子虽然不怕困难，但让他在众人面前给大家讲个故事的时候，他又害羞扭捏，其实这也是一种不勇敢的行为。

当妈妈发现自己的孩子有这种情况的时候，要寻找机会让孩子参加社交活动，鼓励孩子多讲话，多发表自己的意见，用多种方式引导自己和同龄朋友交往，有意识地帮助孩子展开交友活动，如邀请孩子要好的小朋友到自己家中作客，或和孩子们一起亲近大自然，积极营造一种愉快、和谐的氛围。在这种氛围中，孩子的个性可以尽情展现，没有任何的顾忌。

如果你的孩子是很胆小很害羞的，那么做妈妈的不能掉以轻心，也不能太紧张。其实，只要妈妈用心地训练孩子，孩子会变得勇敢起来。只要孩子具有了一颗勇敢的心，妈妈就不需要对孩子的将来有再多的担心！因为在人生的旅途中，孩子一定能用勇敢的心去克服面临的各种困难，而且也能凭着自己的勇敢去赢取事业上的成功。

可以说，妈妈给了孩子"勇气"就等于给了孩子"好运气"。

妈妈先知道

现代社会竞争很激烈，每一个人在社会中都需要具有较强的应变能力、适应能力。孩子是社会未来的主人，只有具备无所畏惧的心理素质和竞争状态，才不会被汹涌的社会浪潮所淘汰。

第四节 具有幽默感的孩子更聪明

妈妈心态：幽默就是油嘴滑舌，小孩子还是中规中矩的好。

孩子状态：缺乏乐观积极的心态和机智敏捷的思维。

幽默感是一种美好的、健康的、难能可贵的品格，它有助于人们从平淡无味的生活中找到乐趣，淡化人们的不良情绪。培养孩子的幽默感不仅能造就孩子乐观开朗的个性，陶冶孩子的情操，还能活跃孩子的思维，培养孩子对周围事物的观察力和创造力。

在优胜劣汰的市场经济社会中，竞争日趋激烈，人们为了获得幸福美满的生活都在努力打拼，大家都承受着巨大的心理压力。面对这样的压力，乐观向上的人能够在繁忙的生活中找到乐趣，化压力为动力，他们会活得轻松自如；而悲观消极的人总觉得生活中没有任何乐趣可言，他们总觉得活着没意思。

其实生活对每个人来说都是一样的，关键在于我们会不会自我调节，如果我们抱着积极的心态生活，生活中到处都有乐趣的存在；如果我们总是把注意力放在不幸的事情上，我们当然看不到乐趣。生活中不如意的事情很多，通往成功的道路上也不可能是一帆风顺的，失败和挫折都是难免的，孩子如果想战胜生活中的各种困难，就必须有一个乐观积极、坚忍不拔的个性。

妈妈们都希望自己的孩子过得幸福，希望他们成长为一个性格开朗的乐天派。那么如何让孩子拥有一个乐观积极的心理呢？这就需要培养孩子的幽默感。

幽默感是一种美好的、健康的、难能可贵的品格，它有助于人们从平淡无味的生活中找到乐趣，淡化人们的不良情绪。幽默感还有助于人与人之间建立和谐愉快的关系，是人际交往的调味剂。此外，幽默还是一个人拥有智慧的表现，拥有极强幽默感的人往往知识渊博，思维机智敏捷。

培养孩子的幽默感不仅能造就孩子乐观开朗的性格，陶冶孩子的情操，还能活跃孩子的思维，培养孩子对周围事物的观察力和创造力。我们不难发现，拥有幽默感的人无论走到哪里都会成为人群中的焦点，他们在不知不觉中就能带动周围的气氛，给他人带来欢笑，同时也使自己获得快乐，这种人非常受大家的欢迎。所以培养孩子的幽默感也有助于孩子与他人建立深厚的友谊。

孩子的幽默感不是随随便便就发展起来的，它与以下三方面因素有着必然的关联：

1. 孩子的语言识别能力

随着年龄的增长，孩子的语言识别能力发展到一定程度时就定型了，这时他就能够判断出哪些事情有趣，并做出相应的反应，比如哈哈大笑之类的。另外，孩子的幽默感与大人的幽默感是不尽相同的，表达方式也是不一样的。

2. 孩子从父母那里得到的疼爱和关心

研究发现，在幼儿时能够与父母在一起并且能够得到父母较多疼爱和关心的孩子，更容易拥有较好的幽默感。妈妈们如果想使孩子成为一个乐观积极、性格开朗并具有幽默感的人，就应该给予孩子更多的疼爱和关心。

3. 孩子生活和学习的氛围

孩子生活和学习的氛围与孩子幽默感的发展有着至关重要的关联，如果孩子长期处在一个轻松愉快的生活和学习氛围中，他就能更多地体会到人生的乐趣，也能抱着一种积极态度对待身边的人和事物。妈妈们如果想培养孩子的幽默感，就要尽可能地为孩子创造轻松愉快的生活和学习气氛，不要过多地给孩子压力。

我们经常听到人们这样说："你的孩子和你好像呀！连性格都很像。"没错，父母身上的很多特征，包括外貌、个性、脾气秉性等等，都会不同程度的遗传给孩子。因此孩子的幽默感有一小部分源于先天因素，跟父母的遗传因子有一定的关系。父母如果是有丰富幽默感的人，那么孩子也会较早地表现出对幽默的理解力和表现力。

廖先生是个有幽默感的人，他5岁的儿子似乎遗传了这一点，孩子总是不时地表现出自己的幽默感。比如，廖先生每天下班回家的时间都较为固定，有一次，廖先生敲门，妻子跟儿子说："应该是你爸爸回来了！"儿子高兴地跑到门边，怪声怪气地问道："你是谁呀？"廖先生粗声粗气地回答道："小绵羊，我是大灰狼呀！"儿子轻轻地把门打开后转身就跑，嘴里还叫着："哇！大灰狼来了！妈妈妈妈，快救救我呀！"儿子跑到妻子身后，装出一副很害怕的样子。廖先生换好衣服，坐在沙发上喝水，他本以为孩子已经忘记刚才的事情了，谁知儿子蹑手蹑脚地走到他旁边，爬到沙发上，搂着他的脖子，大叫道："大灰狼，我抓住你了！看你往哪跑！"

一天晚上，儿子洗完澡刷完牙之后正准备睡觉，他突然对妻子说渴了，于是妈妈就给儿子倒了一杯白开水。儿子看着白开水嬉皮笑脸地说："妈妈，我想喝点有滋味的水。"妈妈问道："有滋味的水？不明白！"儿子又说："比如甜的！”妈妈摆出一副生气的样子，儿子看到妈妈的表情，连忙说道：“如果甜的不行，那我就喝点苦的吧！”妈妈觉得孩子太可爱了，笑着说道：“你还是喝没味道的水最好！”儿子假装无奈，唉声叹气道：“唉！那好吧！”

不过孩子的幽默感不是完全由天性决定，大部分是靠后天的培养。幽默感的培养和孩子生活的家庭环境有很大的关系，它是可以通过感染和传递获得的，这样看来父母的熏陶就变得尤为重要了。

无论是先天的遗传还是后天的培养，孩子幽默感的形成都与父母有着密不可分的关系。父母如果缺乏幽默感，就不能在生活中为孩子营造一种幽默的氛围，孩子感受不到幽默当然就很难拥有幽默感。父母如果想帮助孩子成为一个具有幽默感的人，就必须从自我做起，首先使自己成为一个有幽默感的人。父母不具备幽默感，孩子也很难具备幽默感。

具有幽默感的人很容易和他人相处，也容易获得他人喜爱和信任。孩子的自尊心很强，他们都渴望得到别人的喜爱和赞扬。具有幽默感的孩子往往活泼开朗，宽厚大度，喜欢与他人交谈，也更容易获得别人的赞赏，这有助于增强他们的自信心，对孩子的身心健康有很大的好处。

乐观积极的心态是幽默感形成的根本，所以妈妈们要注意在平时生活中帮助孩子建立自信心，培养孩子不怕失败和挫折，勇敢面对困难的精神。此外，妈妈们应该抛弃一些没用的旧观念，例如：“幽默就是油嘴滑舌，小孩子还是中规中矩的好！”孩子幽默绝对是一个好的优点，妈妈们应该发扬孩子的这个优点。

要培养孩子的幽默感首先应该培养孩子欣赏别人幽默感的能力。幽默感的形成和知识量的累积是分不开的。孩子毕竟还小，不可能具备很大的知识量，不过这可以靠时间的累积，妈妈们不要急于求成，要帮助孩子逐步地扩大知识量。妈妈们首先应该在日常生活和学习中帮助孩子累积丰富的词汇量，因为词汇是语言的基础。孩子词汇量扩大了，就可以更清晰、更详细地表达自己的幽默。

不同个性的孩子在幽默感的表达上也截然不同，个性活泼的孩子在表达自己幽默感的时候比较直接，而个性内向的孩子在表达自己幽默感的时候却比较含蓄。妈妈们不要按照统一的标准要求孩子，而是应该尽量帮助孩子形成属于自己独特的幽默感。

孩子无论以什么形式表达自己的幽默感，基本上都是发自内心的，这一点妈妈们要给予肯定。因为只有自然而然流露出来的幽默感才是真正的幽默感，这种幽默感既使人愉快又给人一种舒服的感觉。妈妈们千万不要教孩子故意假幽默，这样做不但不能培养孩子的幽默感，还容易使孩子变得油嘴滑舌。

很多父母在教育孩子的时候都过于严肃，父母甚至动不动就对孩子进行棍棒教育，把原本应该轻松愉快的家庭气氛弄得紧张兮兮的。其实父母完全可以换一种教育孩子的方式，以打骂的方式教育孩子不一定会使孩子变得听话，反而会激起孩子的逆反心理；以幽默的方式教育孩子也许更能收到良好的效果，孩子会心悦诚服地听父母的话，而且也有助于培养孩子的幽默感。

家庭教育的方式不是单一不变的，妈妈们应该本着有利于孩子健康成长原则来教育孩子。幽默教育是一种轻松而有效的教育方式，它能促进家长与孩子之间的沟通，孩子既能在轻松愉快的气氛中接受父母的批评，父母也不用大发雷霆，同时还能避免伤孩子的心，破坏孩子与父母之间的感情。

露露今年5岁，是个听话的好孩子，可是有一点让妈妈很头疼——露露不好好吃饭。有一次，妈妈带着露露到乡下的亲戚家玩。亲戚家养了一条大狼狗，这狗看到露露就冲着她大叫，露露吓得赶紧躲到妈妈身后。从亲戚家回来的路上，露露问妈妈："妈妈，狗为什么对着我叫呀！太可怕了！"妈妈反问露露道："你说狗爱吃什么呀？""当然是骨头啦！"妈妈笑着说："你看你每天不好好吃饭，这么瘦，没有肉只有骨头，妈妈又没给狗打电话通知，所以狗就以为你是骨头呢！"露露听完妈妈的话，点点头说："看来我得多吃饭了，要是下次妈妈再忘记给狗打电话，它又把我当骨头了。"

妈妈在教育孩子的时候要讲究方式方法，能用和平方式解决的问题一定不要选择大动肝火，幽默教育更容易让孩子接受。露露的妈妈很聪明，用一种幽默的方式告诉孩子不好好吃饭的后果，在愉快的氛围中就解决了孩子不吃饭的问题。如果露露的妈妈选择打骂孩子，问题不一定能解决，还会使孩子不高兴。

培养孩子的幽默感对孩子的健康成长很重要，妈妈们可以选择很多方式培养孩子的幽默感，比如每天给孩子讲一个幽默小故事，让孩子在故事中体会幽默。无论妈妈们用什么方式，最基本的就是给孩子创造一个轻松愉快的生活氛围，让孩子在笑声中成长，孩子只有拥有乐观向上的性格和积极的生活态度，才能更好地面对人生。

妈妈先知道

孩子生活和学习的氛围与孩子幽默感的发展有着至关重要的关联，如果长期处在一个轻松愉快的生活和学习氛围中，他就能更多地体会到人生的乐趣，也能抱着一种积极态度对待身边的人和事物。妈妈们如果想培养孩子的幽默感，就要尽可能地为孩子创造轻松愉快的生活和学习气氛，不要过多地给孩子压力。以幽默的方式教育孩子也许更能收到良好的效果，孩子会心悦诚服地听父母的话，而且也有助于培养孩子的幽默感。

第五节　孩子的金钱观念是需要引导的

妈妈心态：等到孩子大了，就会懂得钱来之不易。

孩子状态：没有金钱概念，花钱大手大脚。

妈妈们应该在孩子年纪尚小的时候，帮孩子养成一个正确的花钱习惯。孩子从小就学会如何理财，这对他们来说是有百利而无一害的事情。

孩子花钱是件平常事，可是这件平常事里边可大有学问。很多父母都处理不好给孩子零用钱这件事情，问题的关键在于他们把握不好分寸，给的多了容易使孩子养成乱花钱的坏毛病，给的少了孩子不高兴。有些父母在这件事情上不会拒绝孩子，孩子提出的要求再无理，只要他们一哭闹，父母就双手投降掏钱包，很多孩子都把这套招数用得很娴熟。

父母们，尤其是妈妈们，在给零用钱这件事情上一定要学会适当地拒绝孩子的要求，不要以爱孩子为理由，满足孩子任何花钱的要求，孩子说要多少零用钱就给多少，说买什么就买什么。很多父母平时工作很忙，没有时间多陪孩子，于是他们就用给孩子更多零用钱的方式弥补，可是这种方式在减弱父母内疚心理的同时也助长了孩子不知满足的坏习惯，这对孩子是有百害而无一利的。生活中也存在这么一种父母，只要孩子一提钱他们就教训孩子：“你要钱干什么，每天有吃有喝的，哪儿需要用钱呀？下次不许再提这种无理的要求！”

妈妈们应该理性地对待孩子提出的要求，要求合理就该满足孩子，不合理就应断然拒绝，不能不假思索地全部接受或者全部否定。纵容孩子花钱固然不对，但是一点零用钱不给孩子也不正确，妈妈们不要认为孩子就没有任何用钱的地方，妈妈们应该教给孩子的是正确的金钱观，包括什么是钱、钱是如何赚来的、应该如何花钱等等。做什么事情都不能走极端，教育孩子更是这样。不管是接受孩子的要求还是拒绝孩子的要求，都应该心平气和地向孩子讲明道理，千万不能立刻就一顿指责甚至谩骂，这样不但不能让孩子明白妈妈们拒绝他们的理由，还会伤孩子们的心，使他们产生恐惧，万一以后他们真的有需要用钱的地方，他们不敢跟妈妈开口，就会从别的管道去弄钱，这是妈妈们都不想看到的情况。

现在的孩子一般是如何支配零用钱的呢？不可否认，现在大多数孩子的零用钱都花在了自己吃零食或者玩乐上了，在学习方面的花费，他们除了用自己少量的零用钱买些喜欢的文具外，一般来说，要是再买学习用的课外书籍，他们往往会选择让父母直接掏钱买。很多孩子都不把零用钱花在学习等所谓的“冤枉的地方”，他们认为把零用钱花在买零食、上网吧、买漂亮衣服等方面才更划算。大部分孩子不会为钱发愁，因为他们不用为吃穿住行发愁，零用钱花完了父母还会再给，这样一来，他们对钱这个来之不易的东西完全没有概念，所以对于理财是怎么回事就更不知道了。

可以说，现在的孩子大多都不太了解钱的真正意义，也不懂得钱是用父母辛勤的劳动换来的。他们在父母的宠爱下长大，衣来伸手饭来张口的生活使他们养成了胡乱花钱的习惯。家长们辛辛苦苦地赚钱，每天都在为如何赚到更多的钱伤脑筋，他们恨不得把一分钱掰成两半花。可是孩子们却不知道赚钱的艰难，花起钱来总是大手大脚，一点都不懂得节省。所以，妈妈们在给孩子零用钱时，要对钱的去向做到心中有数，避免孩子乱花钱。

可是现实生活中，我们身边纵容孩子乱花钱的父母却比比皆是，他们总认为现在生活水平提高了，孩子们不应该再受苦，花几个钱不算什么，只要孩子高兴就行。殊不知，父母的纵容会使孩子们的坏习惯进一步加深，他们更加不拿钱当回事了，觉得赚钱特别容易。家长试想一下，当孩子们将来长大后面对这个“赚钱难，赚大钱难上加难”的社会时，他们该怎么办？一旦他们大手大脚惯了，如果有一天突然没有钱花了，他们怎么承受？会不会去偷去抢？这是父母们应该去严肃考虑的问题。

妈妈们心疼孩子，总认为孩子还小，长大以后一定会明白赚钱不容易的道理，现在就不要舍不得让他们花钱了。这种想法大家都能够理解，但是妈妈们要明白孩子的某些坏习惯都是在儿时养成的，习惯一旦养成了就很难改掉的。

孩子们最大笔的零用钱来自于压岁钱。孩子们每次过年都能大赚一笔，很多孩子有了压岁钱后就乱花，既没有规划也不懂得节制，而是随心所欲地想买什么就买什么。妈妈们应该从孩子的这一笔钱上教会孩子理财，让他们明白即使是压岁钱也不是白来的，要懂得如何花钱，要有节制。

玲玲今年10岁，每年春节她都能赚到很多压岁钱。妈妈每年都替她保管这笔钱，可是今年，妈妈准备让孩子学会自己支配压岁钱。要想让孩子理好这笔钱，就要先让她懂得压岁钱的珍贵，花钱要有节制，于是妈妈对玲玲说：“孩子，今年妈妈不替你保管压岁钱了，你自己支配。”玲玲高兴得不得了：“真的吗？我可以自己管？”妈妈说：“当然，你准备怎么感谢妈妈？”玲玲想了想说："我请妈妈吃麦当劳！"

周六中午，玲玲和妈妈按照约定去吃麦当劳，玲玲大方地掏出钱对妈妈说："妈妈今天我请客，您想吃什么都行！"妈妈没有对玲玲客气，想吃什么点什么。母女俩吃完麦当劳后，就到附近的商场里逛逛，这时玲玲又对妈妈说："妈妈，我再送您一个礼物吧！您想要什么？"妈妈想了想，该不该让女儿花这笔钱呢？经过一番思索后，她决定敲女儿的竹杠，狠宰女儿一把，这样做的目的是让女儿明白花钱要节制。正好自己的化妆品快用完了，于是妈妈就让玲玲送自己一套化妆品，玲玲不假思索地答应了。她们来到化妆品柜台前，妈妈选好了一整套，价格很贵，玲玲看到这个价格有点心疼自己的压岁钱了，可是已经答应了妈妈又不能反悔，就这样玲玲不情愿地为妈妈买下了这套化妆品。

一星期后，妈妈又提出让玲玲请她吃肯德基，玲玲着急地说："上星期不是吃过麦当劳了嘛？这些都是垃圾食品，常吃不好。"平时妈妈经常对玲玲说要少吃垃圾食品，可是玲玲却当作耳边风，现在居然自己说出不能吃垃圾食品，妈妈看出自己的方法已经开始奏效了。

新学期就要开始了，妈妈对玲玲说学杂费等各种费用要用她自己的压岁钱交，玲玲有些不高兴地说自己的压岁钱都快用完了，并想让妈妈替她缴，可是妈妈坚持要玲玲自己缴。玲玲心疼所剩无几的压岁钱，委屈地哭了起来，妈妈语重心长地对玲玲说："妈妈这么做是为了让你明白任何钱都不是大风刮来的，你必须懂得珍惜，花钱不能大手大脚。"玲玲边哭边说："妈妈，我已经明白了，以后再也不乱花钱了！"

玲玲虽然哭了一鼻子，妈妈还是没有妥协，学杂费还是玲玲用自己的压岁钱缴的。从那以后，玲玲不再乱花钱了，无论是每年的压岁钱还是平时的零用钱她都做了详细的规划，每用一笔钱都记在自己的小账本上。

对于孩子来说压岁钱的用法很多，最普遍的有以下几种：

1. 开一个专门存压岁钱的银行账户

孩子们每年都会有压岁钱，妈妈们应该在银行为孩子专门开设一个存压岁钱的银行账户，把压岁钱集中地存起来，有需要的时候再取。这样既能避免孩子很快地把压岁钱胡乱花掉，又可以使孩子从小养成存钱的好习惯。

2. 用在学习方面

妈妈们可以让孩子们把压岁钱用来交学杂费、买课外辅导书、订阅报纸杂志、报名辅导班等等，很多家长都选择这样的方法。其实这种方法是最普通又最有意义的，每个家庭花在孩子学习上的钱都是很大的一笔开销，这样做既能减轻家中的经济负担，又能使压岁钱发挥最有效的作用，压岁钱花在哪儿都不如花在孩子们的学习上有意义。

3. 用于献爱心活动

学校里经常举行献爱心活动，比如为灾区、贫困地区的小朋友提供帮助、捐助希望工程、为失学的小朋友献爱心等活动。现在的很多的小孩有自私自利的坏习惯，妈妈们可以让孩子们用自己压岁钱中的一小部分用来做慈善活动，进而培养孩子乐于助人的思想。

4. 用于贴补家用

与其让孩子们把压岁钱胡乱花掉，不如让他们拿出一部分压岁钱贴补家用，比如补贴生活费、为家里添置东西等等。孩子也是家中的一员，妈妈们应该从小培养孩子对家庭的责任心，尤其是男孩子。

家长们总认为孩子们还太小，总是不愿意跟他们说家里的事情，尤其是涉及钱的事情，所以很多孩子对家中的经济情况都不是很了解。大多数家长认为过早地和孩子谈论金钱问题不利于他们健康成长，他们总想给孩子最好的生活，即使家境贫困，家长们也不愿意让孩子们来承担家中的经济负担，所以我们常常听到家长们对孩子这样说："你不要操心家里的事情，把心思放在学习上，只要你好好学习，我们再苦再累也没关系。"

家长们这么做究竟对不对呢？不和孩子过多地谈论金钱是有一定的道理的，不能说不对，但是这样做也会为孩子带来一些不好的影响。孩子毕竟是要长大的，总有一天会面临金钱问题，家长们想让孩子完全不考虑金钱问题既不现实也对孩子不利。

曾梅和丈夫都是普通工人，工资水平很一般，他们有个8岁的儿子，虽然无法过大富大贵的日子，可是一家三口的小日子过得很温馨。曾梅不像别的妈妈那样纵容孩子大手大脚的花钱，她从小就教育孩子赚钱是很辛苦的事情，告诉他要珍惜父母赚来的钱。儿子上小学那年，曾梅就告诉孩子他们夫妻两人每月的工资是多少，并把家里每个月的小账本拿给孩子看。她要求孩子把平时零用钱是怎么花的一笔一笔记清楚，对孩子必须花的钱她从来不吝啬，对没必要花的钱她也从不纵容儿子乱花。

后来曾梅发现自己的做法是正确的，儿子非常懂事，也特别有责任心，从不提出过分的要求，而且儿子对自己零用钱的使用规划地井井有条。由于经常记账，总和数字打交道，儿子对数学非常感兴趣，成绩特别好。曾梅认为从小培养孩子理财，使儿子正确认识金钱对孩子的成长是有帮助的。

有一位专家指出，所有的父母都有能力培养孩子的经济头脑，也能够让孩子养成良好的理财习惯。针对不同年龄层的孩子，父母应该进行不同的理财教育。对孩子进行的理财教育往往是越早效果越好。那些受到良好理财教育的孩子，他们长大后都能形成正确的金钱观和物质观，也更容易获得成功。妈妈们不妨借鉴一下曾梅妈妈的做法，使孩子从小养成正确的金钱观。

妈妈先知道

孩子们花钱大手大脚的很大一部分原因是，他们根本不懂得父母赚钱的艰辛，他们总认为钱是很容易就可以获得的。妈妈们最应该做的事情不是让孩子远离金钱问题，而是应该教会孩子如何正确对待金钱，如何理财，告诉他们金钱是来之不易的，使他们尽早形成正确的金钱观，这对他们日后的成长是非常有利的。

第六节　让“正确的爱”紧系母子

妈妈心态：无论是什么爱，都一股脑用到孩子身上。

孩子状态：不能得到正确的人生观指引。

说起对孩子的爱，这是每个母亲都会有的感情。但我们所要求妈妈做的，不仅要给予孩子爱，还要懂得如何去爱。

孩子是妈妈最优秀的“作品”，是妈妈用爱呼求而来的恩典。当你决定让生命更加丰富时，孩子便来到你的面前。当妈妈看着孩子天真无邪的双眼时，都会被生命的喜悦所慑服。当孩子脸上绽放出笑容，如同清晨的阳光时，温暖的光芒就会抚慰着妈妈的心。

妈妈们会在孩子身上，赞叹生命的奥妙。妈妈们会毫无保留地奉献自己，并许诺要尽自己全部心力去爱自己的孩子，给予自己的一切。

爱是人的天性，每个人都渴望得到别人的爱，同时也向别人付出自己的爱。在所有的爱中，妈妈与孩子的爱是最为牢固的。

妈妈对孩子的爱不仅令孩子感到快乐、温暖，同时也培养、引导着孩子爱别人的天性。一个从小沐浴在妈妈真爱中的孩子，一个爱妈妈也爱他人的孩子，永远不会悲观、孤独、寂寞、彷徨，他们长大后会成为成功者。

在汤姆2岁的时候，有一次高烧不止，烧退了后，他就留下了长期咳嗽的毛病。从此以后，不停顿的咳嗽常常使他想说出的话说不下去。就这样，他慢慢地落下了口吃的毛病。因为这个毛病，他总是受到同学们的嘲笑。

有一次上课时，有个同学在下面偷偷地笑，老师以为是汤姆在笑，就大声对汤姆说："你不愿意听课就出去，不要在课堂上影响其他同学。"汤姆十分委屈地站起身来，辩解说："不……不……不是……"。

他其实想说的是："不是我在笑。"结果一着急说不出话来了，一连说了好几个"不"字。老师生气地说："不是什么！你上课说话，还不服气！你给我出去！"汤姆急得直掉眼泪。

在放学回家的路上，同学们也因为这件事而不断嘲笑他。回到家后，他气呼呼地坐在自己的房间里，谁也不理。妈妈一看，心想："这孩子一定是在外面受了什么委屈了。"就问汤姆原因。她听完儿子的述说后，微笑着说道："孩子，有什么好气的，如果换做是妈妈的话，妈妈会把这当成是对自己的一种触动。"

"触动？"小汤姆疑惑地问。

妈妈说："孩子，妈妈非常爱你！我相信我的汤姆不会在上课的时候做那些令人讨厌的事情，也知道你的同学总是因为你的口吃而嘲笑你。但是，这并不重要。重要的是，你是一个好孩子。了解你的人会相信你，你也要相信自己，不要生活在被别人嘲笑的阴影中。老师为什么听不明白你说的话？同学们为什么总是嘲笑你？不就是因为你的口吃吗？那就把口吃的毛病改掉，让他们瞧瞧，我就是能好好地说话，我不比你们差！妈妈相信你一定能够克服这个毛病！"

汤姆一下子就明白了自己该做什么了。从此，汤姆听从妈妈的建议，每天早上起来练唱歌，晚上练演讲，通常一练就是1个小时以上。无论在课堂上，还是在家里，他都不断地练习朗读课文。

几个月的时间不知不觉就过去了，汤姆不仅可以流利地说出任何自己想说的话，还大大地提高了逻辑思维能力和语言表达能力，为他以后的演讲能力的提高打下了坚实的基础。

口吃的小汤姆正因为妈妈无限的爱，最终成了一名知名的成功学大师。有一个哲学家讲过这样一段话：“妈妈们只想到怎样保护、关爱自己的孩子，这还不够。妈妈们更应该教他在成人后怎样保护自己，教他承受住命运的摧残，教他不要把豪华与贫困看得过于重要，教他在冰岛肆虐的冰天雪地里或者马尔塔灼热的海边岩石上也能够生活。因为，妈妈的爱不仅包含小小的溺爱，更应该包含强硬的引导之爱、残酷的呵斥之爱等。”

每个好妈妈都要经常记得：妈妈是孩子的最后一道屏障。无论在任何时候，妈妈们都要始终不渝地关心自己孩子的成长，关心孩子的健康与心理状态。无论你是得意还是失意，无论你是踌躇满志还是筋疲力尽，无论你是成功还是失败，都要给予孩子正确的爱。让孩子能亲身感受到你在用心地爱着他、支持他，永远是他坚实的后盾。无论发生任何情况，妈妈都不会改变对他一如既往的爱。

很多妈妈给予孩子的爱是错误的原因：就是她们没有分清爱，不知道什么是正确的爱。

爱分很多种，那些导致孩子向妈妈不希望的方向发展的爱有：

畸形的爱：妈妈总是让自己的孩子想做什么就做什么，成了家中的“小皇帝”“小公主”。孩子往往无法承受现实生活对于他的要求，变得自私、目中无人，感受不到其他人同他一样有着爱与需要。

独断专行的爱：妈妈们把孩子当成了自己手中的一个物品，想怎样就怎样。从来不给予孩子应有的自由、尊重与信任。这种错误的爱使得孩子们曲解人性，不再相信任何人，使得孩子变得越来越暴躁、凶狠无情。

物质满足的爱：妈妈认为只要满足了孩子的物质需要，就算是履行了妈妈应有的职责。

其实，塑造孩子成为真正意义上的人是一项长期而复杂的工作。妈妈们要知道，你的爱最重要的是要教会孩子认识人、尊重人、理解人。孩子的高尚品格是帮助他建立正确人生的必经之路，而妈妈们正确的爱是搭建这条通往正确人生之路的基石。

艳艳今年就升初中3年级了，为了即将到来的升学考试，妈妈比她还要心急。妈妈一直希望艳艳能够考上重点高中，然后顺利考上知名大学。可是，艳艳的学习成绩一直很一般，班主任曾经善意地建议艳艳考职业学校。妈妈知道后，勃然大怒，她是一个好强的人，觉得班主任这么评价自己的女儿，就是看不起孩子。妈妈发誓说：“我非要让我的女儿考上重点高中不可！”

从此后，妈妈就给艳艳下了一道死命令：“为了妈妈，你一定要考上重点高中，让你的老师好好瞧瞧！”为此，妈妈缩短了艳艳的休息时间，刚开始的时候女儿被弄得每天连吃饭都在打瞌睡，后来连睡觉也睡不着了。女儿经常看着天花板发呆，还时不时问妈妈：“我考不上重点高中可怎么办？”每当这时，妈妈就哭泪抹泪地哀求艳艳：“女儿，妈妈对你的期望很高，妈妈相信你一定能考上重点高中。为了妈妈，现在一定要挺住，每天少睡两个小时，你就能考上。”

女儿只好每天勉强地支撑着，疲惫每天都挂在脸上。一年就这样过去了，可是艳艳还是因为基础差，没有考上重点高中。女儿得知这个消息后，竟然整个人变得恍恍惚惚、疯疯癫癫起来。

艳艳的妈妈因为“恨铁不成钢”，因为要强，就以所谓“爱”的名义要求、逼迫自己的女儿超过自己能力地去学习。长期的精神压力加上无法得到很好的休息，使得艳艳承受着巨大的压力，最终孩子被压垮了。

这种情况在生活中并不少见，很多妈妈都会不经意地把自己美好的愿望强加到孩子的头上，而不是着眼于孩子的动力。从不知让孩子学会自己从主观上热爱学习，努力学习，考出一个好成绩。

即使孩子的天赋、能力、兴趣、爱好与妈妈所想不同，妈妈也总是从自己的梦想、愿望出发，替孩子打造理想的世界。为了使孩子认同自己的愿望与梦想，甚至将亲情这张“牌”打出来，无情地剥夺了孩子打造自己生活的权利。

亲爱的妈妈们，请你不要以所谓的“爱”来作为筹码，将自己的梦想与愿望做成枷锁，禁锢孩子。孩子们也有自己想要的生活，也有为自己的梦想而奋斗的权利与自由。

如果你想让你的孩子茁壮成长，就需要从孩子小时候做起，从他们生活的点点滴滴做起，用正确的爱去关怀、锻炼他们，让孩子去做力所能及的一切事情，学会解决生活中遇到的难题。同时，妈妈们要多听听孩子的意见，多站在孩子的角度去考虑问题，不要认为自己所做的一切都是为了孩子，就可以对孩子做出一切。

妈妈先知道

妈妈是孩子的最后一道屏障，应该对孩子发挥过滤与保护的作用。妈妈帮助孩子获得生活能力的爱应该是：分享，不是教导；邀请，不是要求；关怀，不是干涉；尊重，不是放纵；叮咛，不是唠叨。妈妈要给予孩子正确的爱，让它成为母子之间联系的纽带。

第七节　谦谦君子要从小培养

妈妈心态：孩子学习好才是硬道理。

孩子状态：成绩虽好，品德欠缺。

妈妈们最关心孩子的学习成绩和身体健康，但往往忽视了对孩子的品德教育，这是国内父母教育孩子比较欠缺的一个方面。为了孩子长大后能成为真正合格的人，妈妈们必须转变对孩子的教育方式，把注意力更多的转向对孩子的品德教育上来，使教育的天平变得平衡。

我们常说知识就是力量，拥有丰富的知识才能有获得成功的资本。现在社会竞争越来越激烈，没有知识很难找到好工作，所以家长们常常对自己的孩子说："你一定要好好读书，只要学习得好，将来才能有出息，才能吃香的喝辣的。"然而，孩子长大后能否成为一个成功的人，不仅仅取决于他们拥有的知识量，还取决于他们是否具有优秀的品格，而且从某种程度上说，后者占的比重更大一些。关心孩子的学习成绩和身体健康，往往忽视了对孩子的品德教育，这是国内妈妈教育孩子比较欠缺的一个方面。在这一点上我们应该向西方国家学习，比如英国妈妈的家教方法。

英国妈妈非常重视孩子们的品德教育，她们通过各种方式，让孩子学会如何适应身边的环境，如何与他人相处，如何成为一个合格的人。英国人有着自己的核心道德观，比如尊重生命、诚实、公平、守信等。在不妨碍别人的前提下照顾自己；抛弃以欺骗他人的方式取胜的错误做法；不把输赢看得太重，关键是享受过程。这三点是每个英国孩子必须学会的处世常识。此外，英国妈妈还认为对孩子的品德教育应该是潜移默化的，她们不赞成让孩子们背诵道德守则，而是鼓励孩子从平时做起，在每天的生活和学习过程中，体会品德教育的真谛。

国内的妈妈并不否认品德教育在孩子成长过程中的重要作用，但是当她们面对现实情况的时候，又不由自主地更关注孩子们的智力发展，在不知不觉中把自己的所有注意力都集中在孩子的学习成绩上。有很多妈妈平时很少对孩子进行品德教育，只有当孩子的品德出现明显问题，不得不解决的情况下，才把品德教育暂时放到优先的位置上。妈妈们忽视孩子的品德教育，导致孩子学习成绩优异但品德败坏的现象日益凸显，这不但给孩子的健康成长带来危害，也给社会发展带来潜在的危害。

现在越来越多的妈妈们承认，她们在对孩子的品德教育方面有明显的缺失。为了孩子长大后能成为真正合格的人，妈妈们必须转变对孩子的教育方式，把注意力更多地转向对孩子的品德教育上来，这样才能使教育的天平变得平衡。当然，使妈妈们转变教育方式不是一件容易的事情，要经过长时间的不断努力才能实现，但是我们必须从现在开始做起，把加强孩子的品德教育积极开展开来。

妈妈是孩子的第一任老师，有什么样的妈妈就有什么样的孩子，所以妈妈品德的好坏直接影响孩子品德的好坏。因此，妈妈更要以身作则，通过言传身教对孩子进行品德教育，同时也可以选择给孩子摆事实、举例子的方式。

盈盈的妈妈是一位优秀的母亲，她不仅注重孩子的学习成绩，也从不忽视对孩子的品德教育。她平时总是给盈盈讲一些具有优秀品德的伟人故事，这对盈盈的帮助很大。

有一次期末考试，盈盈获得了全年级第1名的好成绩，当试卷发回来时，她发现自己有一道题做错了，而老师没有发现。盈盈心里有些矛盾，自己究竟要不要把这件事情告诉老师？如果告诉了老师，有可能会丢掉第1名的位置；如果不告诉老师，自己又觉得过意不去。盈盈正在犹豫不决的时候，突然想起了妈妈给自己讲的一个故事，于是她坚定地向老师的办公室走去，准备把这件事情告诉老师。

那么盈盈的妈妈究竟给她讲了一个什么样的故事呢？原来盈盈的妈妈在上大学的时候有一位同学，长得其貌不扬，平时大家都很少注意他。有一次，学校要进行一次关系到毕业分配的考试，所有的同学都很着急，想了很多作弊的方法。考场上很多同学都在偷看答案，盈盈的妈妈也不例外。这时盈盈的妈妈发现这位同学不会答，也没有答案，就悄悄地把自己写满答案的小纸条扔到了他的脚下，奇怪的是，他并没有捡起来。

考试结束后，盈盈的妈妈问这位同学为什么不捡起有答案的纸条，他平静而坚定地说："会就是会，不会就是不会，做人要诚实，要光明磊落。"盈盈的妈妈顿时对这位同学产生了敬佩之情，同时也对自己的行为感到羞愧，后来她爱上了这位同学，他就是盈盈的爸爸。

盈盈的诚实来自于妈妈孜孜不倦的教诲，也来自于爸爸的以身作则，父母成了她学习的好榜样。家庭品德教育是孩子健康成长必不可少的一个环节，孩子的学习成绩固然重要，但是良好的道德修养、优秀的道德品格也对孩子的未来发挥着至关重要的作用，这一点是不容忽视的。

我们所说的优秀品德主要包括以下几个方面：

勤奋：勤奋是个人最重要的品德，也是个人获得幸福生活的基础。所以妈妈们要让孩子从小养成热爱劳动的优秀品德。

诚实：诚实是一个人能否获得成功的重要基石，它关系到一个人的信誉和名声。几乎所有的孩子都会或多或少地说谎话，这是很正常的事情。问题的关键在于妈妈们应该如何对待孩子说谎话，过分指责是不能解决问题的，而是应该在孩子第一次说谎话的时候就纠正他的错误，告诉他诚实对一个人的重要性。

礼貌：礼貌是对个人拥有优秀品德最基本的要求。中国是礼仪之邦，小孩子一定要从小养成讲文明讲礼貌的好习惯。在这点上父母要发挥表率作用，在平时言谈举止一定要得体，不要把粗鲁的语言挂在嘴边，从自身做起才能给孩子带来积极的影响。

守纪：人是社会中的人，所以人不能随心所欲地想做什么做什么，妈妈们要教育孩子一定要养成遵守纪律的好习惯。为了更好地使孩子养成这种习惯，妈妈们不应该采取命令的方式，而是应该给孩子讲明为什么要这样做，或者为什么不能那样做。只有这样才能使孩子自觉主动地养成遵守纪律的习惯。

知足：现在大多数家庭都是一个孩子，所以父母就把全部的爱都给了这一个孩子，这样做往往会使孩子养成自私自利、不知满足的坏毛病。妈妈们要在日常生活中教育孩子要懂得满足，不要过于贪婪，还要多为他人着想，乐于助人。

一位妈妈这样说道：“在我的孩子很小的时候，每次我带他坐公共汽车的时候我都是站着的，总是把座位让给老年人或者孕妇。我的做法对孩子产生了积极的影响，当孩子上小学的时候，他每天都要坐公交车去上学，于是孩子就向我学习，总是把座位让给那些需要帮助的人。”

有一次，儿子又和妈妈一起坐公交车，儿子习惯性地把自己的座位让给一位老爷爷。老爷爷看孩子还小，有些不忍心，就说让孩子继续坐，这时妈妈却对儿子说：“你是个男子汉并且已经7岁了，应该站着。”结果，儿子心情愉快地站了一路。儿子上初中的时候，有一次获得了作文大赛的一等奖。妈妈陪同儿子领奖，到回去前妈妈告诉儿子人应该学会感恩，他之所以取得如此优异的成绩，既与自身的努力分不开，也与老师和同学的帮助分不开，他应该给老师和同学买一些礼品。儿子听了妈妈的建议觉得很有道理，就这么做了。

上面例子中的妈妈重视从小对孩子进行品德教育，教给孩子应该助人为乐、懂得感恩。孩子应该养成的优秀品德还有很多，妈妈们应该从各个方面对孩子进行品德教育。那么妈妈们应该怎样对孩子进行品德教育呢？

1. 妈妈们要从小就对孩子进行品德教育，并且从点点滴滴做起

培养孩子的良好品德不是一朝一夕就能成功的事情，它需要一个循序渐进的过程。妈妈们既不能急于求成，也不能不把品德教育当回事，如果等孩子长大后发现他品德欠缺时，再来对孩子进行品德教育就太晚了。妈妈们应该在孩子小的时候就重视培养他们良好道德质量，并在生活的点点滴滴中感染和影响孩子。

2. 妈妈们要实时纠正孩子微小的不良品德

妈妈们千万不要忽视孩子小的品德问题，如果妈妈们认为孩子微小的品

德欠缺无大碍，那么你们就大错特错了。有些妈妈对自己的孩子过于溺爱，并且有某种自私心理，总认为自己的孩子什么都好，对孩子的不良品德不但视而不见，有时候还极力袒护自己的孩子。这种行为不但不是爱孩子的表现，反而会害了孩子。俗话说“千里之堤毁于蚁穴”。微小的品德欠缺如果不实时加以纠正可能会酿成大错。所以妈妈们既要表扬和鼓励孩子小的优秀品德，又要实时批评和纠正孩子小的不良行为，只有这样做才能使孩子成为一个品德优秀的人。

良好的品德和优秀的成绩同样重要，都是孩子成功的重要因素，缺一不可，忽视了任何一个方面都是不可取的。

妈妈先知道

抓好品德教育，就要从品德形成的起步点开始，达到先入为主，以便一开始就在孩子大脑中留下非常牢固的、良好的、深刻的痕迹。孩子出世来到人间，第一次喜、怒、哀、乐，第一次学说话，第一次学走路，懂得第一个道理等都发生在家里。因此，妈妈的教育好比在白纸上画画，第一笔怎么画、怎样构图、涂什么颜色等，这对孩子今后能否画出美丽的人生画卷是相当重要的。由此可见，妈妈对孩子的品德教育将会对孩子产生终身的影响。